しずおかプロ野球人物誌

60高校のサムライたち

静岡新聞社編

静新新書

はじめに

「サッカー王国」といわれる静岡県もかつては「野球王国」だった。プロ・アマ幾多の名選手を生み、熱狂的なファンも多かった。しかし、サッカー人気に押されるように長い長い"スランプ"に入ってしまった。甲子園でもすっかり勝てなくなった。もう長い間、準々決勝へ進むこともできない。春の選抜は出場さえ逃すことが多くなった。10年に1度は決勝に進んだ時代もあったが、一番新しい1978年（昭和53）浜松商の選抜大会優勝からも既に30年近くが経とうとしている。プロで活躍する選手も70年代あたりから比べるとずいぶん減っている。各チームのエース級や主力打者、球界を代表するスター選手がそろっていたのだが…。

明治20年代半ばに静岡中で始められた野球は、その後浜松中や掛川中、沼津中、韮山中、榛原中などに広まり、26年（大正15）の静岡中の全国制覇によって一気に高まっていく。甲子園では戦前戦後を通じ春が優勝3回、夏は優勝1回、準優勝5回を数える。全国でも屈指の強豪県だった。既に70年が経つ日本プロ野球界には、県出身者が36年（昭和11）スタート時の4人を含め170人余り在籍した。出身高校は県内全域60校近くに及ぶ。本書は、こう

した「野球王国」を担った選手たちの生涯成績やエピソードを交え活躍の跡を学校別に振り返った。数々のタイトルに輝いた選手、1軍の試合に登場することなく消えていった選手。こんな選手がいたのかと母校を懐かしく思われるかもしれない。今再び、野球人気の隆盛と「王国・静岡」の復活を期待したい。

本書は主に「日本プロ野球大百科」(発行・(社)日本野球機構)の記録を参考にした。しかし、プロ野球に在籍はしたものの公式記録のない選手、さらに県内小中学校を卒業して他県へ進学した選手については十分追跡できなかった。特に戦前については裏付け資料で確認できず、触れることの出来なかった選手も少なくない。新たな資料や内容の誤りなどご指摘いただければ幸いである。執筆は静岡新聞社出版部・袴田昭彦が担当した。

目次

はじめに……………………………………………………………… 3

第一章 伝統の輝き ……………………………………………… 7

　1　静岡商　新浦、池谷、大石　スター続々 7
　2　静岡・静岡中　MVP種茂や"守護神"赤堀 22
　3　島田商　戦前に黄金期、好選手を輩出 32
　4　浜松商　小池、船田　いぶし銀の名脇役 40
　5　掛川西・掛川中　戦場に散った大エース村松 48

第二章　強豪の誇り …………………………………………… 53

韮山／沼津東・沼津中／富士／吉原商／富士宮北／清水東／清水商／清水工／榛原・榛原中／浜松北・浜松一中／浜松工／浜名

第三章　私学の躍進 ……………………………… 77

御殿場西／沼津学園（現飛龍）／東海大一、東海大工（現東海大翔洋）／自動車工（現静岡北）／静清工／常葉菊川／興誠／浜松日体　他

第四章　無限の挑戦 ……………………………… 99

東部地区／中部地区／西部地区

第五章　番外編 ………………………………… 119

加藤・2千本安打で名球会／鈴木・2年連続の首位打者　／その他

★記録編

第一章　伝統の輝き

1　静岡商　新浦、池谷、大石　スター続々

天覧試合で静岡中破る

野球部は1928年（昭和3）に創設され、早くも31年（昭和6年）、当時県内無敵を誇った静岡中に黒星をつけた。この試合は初の天覧試合で、この一戦が今日の〝静岡の早慶戦〟静商—静高定期戦に続いている。静岡中、島田商に並ぶ実力はつけたものの甲子園への道は遠く、戦前は34年（昭和9）春、36年（昭和11）夏の2回出場にとどまった。36年夏は1回戦で長野商に27—4の大勝。この得点「27」は、85年（昭和60）第67大会でPL学園（29—7東海大山形）に破られるまで1試合最多だった。得点差「23」は今も記録として残る。

プロ第1号は**松本光三郎**。34年（昭和9）春、静商初の甲子園となる第11回選抜大会に捕手、4番として出場した。36年（昭和11）のプロ野球発足時に阪急に入団、その後南海に移

った。甲子園で松本とコンビを組んだエースの田村稔は、外野手として1年遅れてイーグルスに入る。戦前組ではもう1人、**森谷良平**がいる。静商時代は豪速球投手として鳴らしたが、プロでは一塁手。大陽に2年いた後、50年（昭和25）セ・パ2リーグに分かれ創設されたばかりの〝弱小〟国鉄に移る。ライバル静中の宇佐美一夫（捕手）も同時に入団している。同じ国鉄に翌51年入ったのが**久住静男**。実働は1年だった。

高校時代はテニス部の杉山

南海の黄金期を支えた1人が**杉山光平**。静商時代はテニスの選手で、野球を始めたのは専大に入ってからという変わり種。近鉄に3年いた後、南海へ移る。「円月殺法」といわれた独特の構えから安打を量産し、打率3割をマークすること3回、59年（昭和34）には・323で首位打者を獲得している。この年の日本シリーズは杉浦忠の4連投4連勝で宿敵巨人を倒し、鶴岡監督らが涙の御堂筋パレード。56年（昭和31）にはシーズン最多出場試合「154」の日本タイ記録をマークした。

戦後初めて出場した52年（昭和27）選抜大会で全国制覇したエース**田所善治郎**が国鉄入りする。甲子園では1回戦函館西を1－0、準々決勝は前年夏の覇者平安を3－0、準決勝は

第一章　伝統の輝き

木村保（のち早大―南海）の八尾（大阪）に2―0、決勝は選抜連覇を狙った鳴門（徳島）を2―0と4試合連続完封で初優勝を飾る。選抜では野口二郎（中京商―阪急）、大島信雄（岐阜商―中日）に次ぐ史上3人目の快挙だった。国鉄では57年（昭和34）11勝と2ケタ勝利。実働12年で通算56勝を挙げた。田所の1年後輩、甲子園でマスクを被った**阿井利治**も国鉄に入団し、再び田所とバッテリーを組む。阿井と同級で中堅手の**横山昌弘**は明大―大昭和製紙を経て中日入りする。実働3年と短かったが、後にフロント入りし広報部長や球団代表付調査役などを務めた。

戦後の第1次黄金期を迎えた静商は、選抜初優勝から2年後、54年（昭和29）夏の甲子園で準優勝に輝く。このチームからも3人がプロ入りする。主将の横山俊夫に代わり2年生エースとして活躍したのが**松浦三千男**。決勝の中京商戦では中山俊丈（のち中日）と投げ合い惜しくも0―3で敗れる。阪神入りした松浦は、先に入団していた捕手の**滝英男**とともに、わずか1試合の出場にとどまる。松浦は引退後、社会人の鐘紡に入り、補強選手として都市対抗で準優勝、久慈賞を獲得する。4番一塁手の**興津立雄**は専大に進み、豪快な打力は"東都の長嶋"といわれた。プロ入りしてからは広島打線の主力として存在感を示す。入団2年目に本塁打21本を放ち、その後も毎年2ケタ本塁打を記録、通算145本を放っている。ま

た、63年（昭和38）には全試合出場し、打率・303をマークした。大木利男（阪神）、中野正彦（大毎）はいずれも一軍公式戦の出場はない。

60年（昭和35）に阪神に入団した朝井茂治は、途中広島に移ったが、三塁手として11年間の現役生活を送った。上背はないが、パンチ力を秘め、クリーンアップを打ったことも。滝安治は兄英男（阪神）に続く兄弟プロ選手。関東学院大に進み、4年の時は春、秋連続で首位打者。三菱重工川崎を経て64年（昭和39）に巨人入りした。地味ながら、土井正三の控え二塁手として9連覇に貢献した。長嶋茂雄、藤田元司監督の下でコーチも務めた。66年（昭和41）夏の甲子園で右中間に本塁打を放ち〝王2世〟と呼ばれたのが奥柿幸雄。ドラフト1位指名でサンケイ入り。期待は高かったが実働4年、本塁打は4本に終わった。

新浦、日韓24年の投手生活

68年（昭和43）夏の第50回大会で静商は、1年生左腕、快速球の新浦寿夫、巧打の藤波行雄、松島英雄らの活躍で14年ぶりに決勝に進出する。県大会4回戦の静岡東戦でリードされながら降雨再試合で生き返した静商は、決勝は新浦が浜松北を2安打完封し、甲子園へ乗り込む。1回戦伊香（滋賀）は新浦が2安打15三振の快投で4―0、2回戦の浜田（島根）も

第一章　伝統の輝き

お家芸のバント攻めで4―1。3回戦高松商は8回に一挙11点の猛攻をみせ14―0と圧勝する。準々決勝の秋田市立を5―1で下し、準決勝も新浦が倉敷工を5安打に抑えて3度目の完封。この試合の三回、スクイ

◀新浦寿夫投手（静岡商、巨人）

▶池谷公二郎投手㊨（静岡商、広島）

ズを警戒しアウトコース高めに大きめに外された球に、藤波がダイビングして決めた"芸術的"なスクイズ・バントは大会のハイライトとなった。決勝は初出場初優勝を狙う興国（大阪）の丸山朗（のち早大―大昭和製紙）と新浦の息詰まる投手戦となったが、０―１で惜敗、夏の初制覇はならなかった。新浦はこのあと中退しプロ入りするが、２年生の藤波、松島は翌年夏も甲子園に連続出場する。東海大相模、日大一と破りベスト８に進出したが、優勝した松山商（決勝は三沢と延長十八回引き分け再試合）に敗れる。

激しい争奪戦の末、巨人に入団した新浦だが、１軍入りは３年目の71年（昭和46）。この年19試合に登板し４勝３敗。翌72年は未勝利に終わるが、73年３勝、74年７勝と勝ち星を伸ばす。75年（昭和50）長嶋監督の１年目、チームは最下位に沈む。先発、リリーフと37試合に登板したが２勝11敗。スタンドから罵声を浴びながら、来る日も来る日も投げ続けた。しかし、この屈辱をバネに新浦はエースの座を勝ち取っていく。翌76年、77年と連続して11勝を挙げ、長嶋巨人２連覇に大きく貢献。さらに78年、79年は連続15勝を挙げる。４年間にタイトルも最高勝率１回（77年＝11勝３敗、.786）、最優秀防御率２回（77年＝2.32、78年＝2.81）、最優秀救援投手１回（78年＝15セーブ、25SP）、最多奪三振１回（79年＝223）を獲得した。80年（昭和55）に肩を痛め、83年までは１ケタ勝利が続く。84年（昭

第一章　伝統の輝き

和59)、創設間もない韓国プロ野球に転じ三星入団、3年間に54勝を挙げる。87年(昭和62)再び日本球界に戻り大洋で5年、92年(平成4)ダイエーに移籍、シーズン途中でヤクルトに移り、その年限りで日韓通算24年に及ぶ長い現役生活を終えた。

甲子園準優勝の3番右堅手、2年生ながら攻撃の核となった藤波は中大に進み1年春からレギュラーで活躍した。打撃センスの良さで〝東都の安打製造機〟と呼ばれ、明大・高田繁(のち巨人)の大学記録127本を上回る133本のヒットを放つ。4年間に優勝3度、大学日本一にも輝いた。5度のベストナイン、首位打者も獲得している。73年(昭和48)ドラフト1位で中日に入団。1年目から90試合に出場し、打率・289、15打点、1本塁打で新人王受賞。チームの20年ぶり優勝に貢献した。76年(昭和51)暮れにクラウンへの移籍話が持ち上がったが、藤波は断固拒否。ファンの署名運動も起こる騒動になり、1度決定したトレードは白紙に戻った。その後は左の代打の切り札として活躍した。

5番三塁手の松島は、3年では新浦の後を受けエースとして甲子園の土を踏む。県大会決勝は静高との大一番。大橋勲(のち早大)と白熱の投手戦を展開、九回表に静商が1点を挙げ静高を振り切った。大洋入りした松島は5年在籍したが、勝ち星を挙げることはできなかった。

藤波、松島の1年後輩に池谷公二郎がいる。金指造船から移った日本楽器で都市対抗優勝。72年ドラフト1位で広島に指名されたが、1年遅れて翌73年シーズン終了後に入団。2年目の75年（昭和50）に18勝11敗、赤ヘルの初優勝に貢献した。76年には20勝（15敗）を挙げて最多勝を獲得、同時に沢村賞も受賞した。最多奪三振も76年（207個）、77年（176個）と2年連続で獲得している。79、80年（昭和54、55）の2年連続日本一にも貢献した。狭い広島球場ということで被本塁打が多く、77年の48本はプロ野球記録。引退後は広島、巨人で投手コーチを務めた。池谷の同期、捕手の勝亦治は阪神入りし、1年でヤクルトへ移籍。在籍は長かったが出場は2試合、打数はなし。中大時代は先輩の藤波と同様、1年春から4年間全イニングに出場、首位打者も獲得した。実働2年で36打数5安打、本塁打0。

秋田秀幸は中大を経て中日入り。72、73年（昭和47、48）2年連続で春の甲子園に出場した。

74年（昭和49）夏の甲子園8強のエースが高橋三千丈。快速球で三振を奪うが四球も多かった。県大会は3試合25イニング〝ノーヒット・ノーラン〟。甲子園では福島商、旭川竜谷（北海道）を破り準々決勝は前橋工と対戦。高橋―向田（のち早大―大昭和製紙）の投げ合いとなった。6回、高橋は四球の後、三塁打を打たれ1点を失う。結局この1点が決勝点になり、0―1で敗れる。高橋が打たれた安打はわずか2本。まさに痛恨の1球だった。明大

第一章　伝統の輝き

▶大石大二郎内野手（静岡商、近鉄）

では鹿取義隆（のち巨人―西武）と2本柱で活躍、通算18勝を挙げる。78年（昭和53）ドラフト1位で中日に入団。1年目は43試合に登板し5勝2セーブを挙げた。83年（昭和58）5月25日の阪神戦ではプロ野球史上たった1度しかない「無補殺試合」を記録している。その後は血行障害で低迷、1勝しただけで84年引退した。現在まで中日のコーチを務める。

人気者「大ちゃん」
74年（昭和49）夏のショート

久保寺雄二は、翌75年春も甲子園に出場する。1回戦佐世保工戦は5打数5安打3打点、三塁打2本、二塁打1本の大活躍で快勝。続く仙台育英戦は3点差を逆転勝ち。準々決勝の報徳学園戦は4点差を猛追したものの1点届かず3－4で惜敗、8強の壁は破れなかった。ドラフト2位で南海入った久保寺は2年目早くも1軍に定着、85年（昭和60）1月、急性心不全のためわずか26歳の若さで急逝した。内野の要として将来を期待されたが、104試合に出場し6本塁打20打点を挙げた。

久保寺雄二の同期・大石大二郎も75年（昭和50）春の甲子園組。1番セカンドで活躍した。亜大では3年秋に当時のシーズン最多記録となる17盗塁を決めた。80年（昭和55）ドラフト2位で近鉄入団。2年目の82年に打率・274、12本塁打、41打点、47盗塁で新人王を獲得した。83年に60盗塁で初の盗塁王となり、通算4度タイトルを獲得した。堅実な二塁守備でゴールデングラブ賞も82年から3年連続で受賞している。84年（昭和59）のオールスター第3戦、71年（昭和46）江夏豊（阪神）以来の9連続三振を狙った江川卓（巨人）に対し、9人目に二ゴロで大記録を阻止したのが大石だった。小柄ながらパンチ力もあり本塁打は84年29本、90年20本など通算148本放った。「大ちゃん」の愛称で誰からも親しまれ、1番打者として17年間近鉄を支えた。

第一章　伝統の輝き

が、05年（平成17）ドラフト外で**山崎隆弘**が楽天に入団した。

大石、久保寺以来すでに30年甲子園から遠ざかる静商。プロ野球選手も久しく絶えていた

① **松本光三郎**　静岡商―明大―阪急（1936）―南海（41～42）　捕手
実働（3年）　19試合29打数5安打　打率・172　本塁打1　打点7　盗塁0

② **田村　稔**　静岡商―全静岡―イーグルス（1937）　外野手
実働（1年）　32試合66打数15安打　打率・227　本塁打0　打点1　盗塁0

③ **森谷良平**　静岡商―法大―八幡製鉄―大陽（1948）―国鉄（50～53）　内野手
実働（6年）　429試合1327打数353安打　打率・266　本塁打49　打点179　盗塁25

④ **久住静男**　静岡商―国鉄（1951～52）　外野手
実働（1年）　38試合15打数3安打　打率・200　本塁打0　打点0　盗塁3

⑤ **杉山光平**　静岡商―静岡師範―専大―近鉄（1952）―南海（55）―阪急（62）―
南海（64～66）　内・外野手

実働（15年）　1485試合4680打数1305安打　打率・279　本塁打88　打点6　75　盗塁67

〈タイトル〉首位打者1回（59）

〈表彰〉ベストナイン4回（一塁55、外野56、58〜59）

⑥田所善治郎　静岡商―国鉄（1953〜64）　投手
実働（12年）　391試合56勝83敗　投球回1361⅓　防御率3・20　奪三振647

⑦阿井利治　静岡商―国鉄（1954〜64）　捕手
実働（7年）　147試合232打数49安打　打率・211　本塁打1　打点15　盗塁4

⑧滝　英男　静岡商―阪神（1955〜57）　捕手
実働（1年）　1試合1打数0安打　打率・000　本塁打0　打点0　盗塁0

⑨松浦三千男　静岡商―阪神（1956〜58）　投手
実働（1年）　1試合0勝0敗　投球回2　防御率4・50　奪三振0

⑩大木利男　静岡商―阪神（1956〜58）　外野手＝公式戦出場なし

⑪横山昌弘　静岡商―明大―大昭和製紙―中日（1959〜61）　外野手
実働（3年）　155試合225打数52安打　打率・231　本塁打2　打点8　盗塁5

第一章　伝統の輝き

⑫ **興津立雄**（達雄）　静岡商—専大—広島（1959〜71）　内野手
実働（13年）　1227試合3871打数998安打　打率・258　本塁打145　打点495　盗塁29

⑬ **朝井茂治**　静岡商（1960）—広島（68〜70）　内野手
実働（11年）　885試合2584打数579安打　打率・224　本塁打57　打点214　盗塁49

⑭ **中野正彦**　静岡商—大毎（1963）・東京（64）　外野手＝公式戦出場なし

⑮ **滝 安治**　静岡商—関東学院大—三菱重工川崎—巨人（1964〜73）　内野手
実働（10年）　456試合1126打数189安打　打率・189　本塁打15　打点55　盗塁10

⑯ **奥柿幸雄**　静岡商—サンケイ（1966一次ドラフト①）・ヤクルト（〜70）　内野手
実働（4年）　222試合318打数55安打　打率・173　本塁打3　打点15　盗塁2

⑰ **新浦寿夫**　静岡商—巨人（1968ドラフト外）—韓国・三星（84）—大洋（87）—ダイエー（92）—ヤクルト（92）　投手
実働（19年）　592試合116勝123敗39S　投球回2158⅔　防御率3・45　奪

〈タイトル〉最高勝率1回（77）　最優秀防御率2回（77〜78）　最優秀救援投手1回

三振1706

（78）　最多奪三振1回（79）

〈表彰〉ベストナイン1回（78）　最優秀投手1回（78）

⑱藤波行雄　静岡商—中大—中日（1973ドラフト①〜87）　外野手

実働（14年）1146試合1976打数539安打　打率・273　本塁打24　打点18

6　盗塁37

〈表彰〉新人王（74）

⑲松島英雄　静岡商—大洋（1969ドラフト④〜74）　投手

実働（3年）25試合0勝2敗0S　投球回38 1/3　防御率3・55　奪三振17

⑳勝亦治　静岡商—阪神（1970ドラフト⑨）—ヤクルト（72〜81）　捕手、外野手

実働（1年）2試合、打数なし

㉑池谷公二郎　静岡商—金指造船—日本楽器—広島（1972ドラフト①〜85）　投手

実働（12年）325試合103勝84敗10S　投球回1622 1/3　防御率4・13　奪三振

20

第一章　伝統の輝き

1056

〈タイトル〉最多勝利1回（76）　最多奪三振2回（76〜77）

〈表彰〉ベストナイン1回（76）　最優秀投手1回（76）　沢村賞1回（76）

㉒ 久保寺雄二　静岡商―南海（1976ドラフト②〜84）　内・外野手

実働（8年）　770試合2337打数602安打　打率・258　本塁打44　打点239　盗塁52

㉓ 秋田秀幸　静岡商―中大―中日（1977ドラフト⑤〜82）　内野手

実働（2年）　35試合36打数5安打　打率・139　本塁打0　打点0　盗塁0

㉔ 高橋三千丈　静岡商―明大―中日（1978ドラフト①〜84）　投手

実働（4年）　60試合6勝6敗2S　投球回133 2/3　防御率4・92　奪三振71

㉕ 大石大二郎　静岡商―亜大―近鉄（1980ドラフト②〜97）　内野手

実働（17年）　1892試合6664打数1824安打　打率・274　本塁打148　打点654　盗塁415

〈タイトル〉盗塁王4回（83〜84、87、93）　ベストナイン3回（83〜84、90）　ゴールデングラブ賞3回（82

〈表彰〉新人王（82）

※26 山崎隆広　静岡商—NTT西日本—楽天（2005大学・社会人ドラフト⑨〜）　外野手

〜84）

（※は現役）

2　静岡（静岡中）　MVP種茂や〝守護神〟赤堀

大正15年に甲子園全国制覇

　静岡中（現静岡高）で野球が始まったのは1892年（明治25）ごろ、県内では最も古い。甲子園出場は1924年（大正13）夏の第10回大会を皮切りに、県内最多の35回（春14回、夏21回）を数える。夏は3回目の出場となった26年（大正15）第12回大会で、上野精三（のち慶大監督）—福島鐐（のち慶大）のバッテリーを中心に、準々決勝で前橋中（群馬）と球史に残る延長十九回の大熱戦を繰り広げサヨナラ勝ち。準決勝で高松商（香川）、決勝は大連商（中国）を破り初の全国制覇を果たす。特別なスターがいたわけでなく、全員野球＝チームワークの勝利は、福島主将が「ナインは完全なるワン」の名文句を残す。

第一章　伝統の輝き

その静岡中から初のプロ選手となったのが投手の鈴木芳太郎。38年（昭和13）創設されたばかりの南海に加わる。新人ながらいきなり開幕戦に登板。一度、兵役で離れ、43年（昭和18）に復帰した。実働わずか2シーズンではあったが、打力を生かし内・外野手としても90試合近く出場した。38年10月8日には南海のチーム第1号ホームランを放つ。鈴木の女房役だった宇佐美一夫は、戦後2リーグに分裂した50年（昭和25）国鉄に入団する。新興チームの即戦力捕手として請われたわけだが、既に35歳、3年の選手生活のあとコーチを務めた。

立大から58年（昭和33）国鉄に入った赤池彰敏は、56年（昭和31）夏、甲子園初ナイターとなった伊那北（長野）戦の4番一塁手。早大を経て57年（昭和32）に大洋入りした近藤晴彦は、前後して入団した近藤和彦（明大出）、近藤昭仁（早大出）とともに〝3近藤〟として期待されたが、選手生命は2年と短かった。近藤晴と入れ替わりに61年（昭和36）大洋に入ったのが植野浩史。しかし出場はわずか2試合、1度も打席に立つことはなかった。

史上唯一の2人受賞

静高出身のプロ選手が初めて輝いたのが、当時球界一の美男といわれた種茂雅之。立大―丸善石油を経て61年（昭和36）に東映入団。2年目の62年（昭和37）には阪神との日本シリ

戦後、静高は何度か甲子園出場を果たすものの1回戦負けが続いていた。60年（昭35）夏、石山健一主将（のち早大監督）、石田勝広投手（のち早大）らの活躍で久々の快進撃を見せる。大社（島根）、秋田商、北海、徳島商といずれも1、2点差の接戦を勝ち抜き26年（大正15）以来2度目の決勝に進出。相手はエース柴田勲（のち巨人）を擁しV候補の法政二。0－3で敗れ2度目の全国制覇はならなかったが、伝統校復活を印象付けた。この後、63年（昭和38）夏、65年（昭和40）春の甲子園組から一挙3人のプロが誕生する。1年夏からレギュラー入りした小田義人は、特に65年春センバツで強打の4番として大活躍。準々決勝で優勝した平松（のち大洋）の岡山東商に敗れたが、1回戦の秋田戦では3三塁打を放って注目を集めた。阪急のドラフト指名を蹴って進んだ早大では荒川堯（のちヤクルト）、谷沢健一（のち中日）と中軸を打ち活躍。大昭和製紙時代は早大同期の安田猛（のちヤクルト）とともに投打の柱となり、都市対抗を制す。プロに飛び込んでからは華々しい活躍こそなかったが、3球団で11年間のシーズンを送る。惜しかったのは3年目。大杉勝男とのトレードでヤクルトから日本ハムに移ったこの年、レギュラーを獲得し打撃は絶好調。ペナン

第一章　伝統の輝き

トレース終盤、白仁天（太平洋）と激しく首位打者を争った。最終戦で1本出れば決まりだったが、わずか5毛差でタイトルを逃した。小田と高校同期、主将の

◀小田義人（静岡、ヤクルト—日本ハム—南海）

▶赤堀元之（静岡、近鉄）

服部敏和は立大中退、日本楽器を経て68年（昭和43）に近鉄入り。76年日本ハム移籍。控え外野手ながら14年間にわたり1241試合に出場した。同じく同期で、高校時代は投手の佐藤竹秀も、服部に1年遅れて69年（昭和44）に近鉄へ。9年余りの選手生活だったが、"一発屋"として華々しい記録を残す。代打満塁ホームランを74年（昭和49）1本、76年（昭和51）2本の計3本、代打ホームランも11本放っている。小田らの1年後輩が望月充。立大―大昭和製紙から阪神入団。75年（昭和50）に江夏豊―江本孟紀の2対4のトレードで南海へ移った。

走攻守3拍子の植松

73年（昭和48）夏の第55回大会、静高は13年ぶり3度目の決勝進出を果たす。地方大会から敵なしの破壊力をみせる植松精一（のち法大―阪神）、水野彰夫（のち法大）、白鳥重治（のち早大）らの強力打線は甲子園でも絶好調。"怪物"江川（のち法大―巨人）の作新学院を破った銚子商（千葉）やV候補の今治西（愛媛）を次々と破り2度目の優勝が期待されたが、決勝で広島商に惜しくもサヨナラ・スクイズで敗れた。神宮でも1年生から活躍、江川ら甲子園のスターをズラリとそろえた法大は4季連続優勝など黄金時代を築く。77年（昭

第一章　伝統の輝き

和52）ドラフト2位で阪神に入団、走攻守3拍子そろった選手として「背番号1」は期待の現れだった。1年目から104試合に出場したが、その後はケガなどもあり、天才的な打撃を発揮することなくわずか5年で球界を去った。

大久保学は82年（昭和57）夏の甲子園のエース。豪快な打撃が魅力で、県大会決勝の富士戦では2本塁打を放った。甲子園ではいきなり優勝候補筆頭の池田（徳島）とあたる"不運"で1回戦敗退。相手投手の畠山準はドラフト1位、大久保が2位指名で南海では同僚となる。大久保の4年後輩が**望月秀継**（一、秀通）。93、94年（平成5、6）には7勝、6勝を挙げ、広島投手陣の中核と期待されたが、活躍は長く続かなかった。

最優秀救援と防御率1位

望月の2年下に**赤堀元之**がいる。甲子園は2年生の87年（昭和62）夏に出場、3年夏は県大会で敗れたが、その才能が静高先輩で当時近鉄スカウトだった小田義人の目に留まり、88年（昭和63）ドラフト4位指名された。近鉄入団後は仰木監督にストッパーとしての才能を見いだされ転向、92年（平成4）に11勝4敗22S、防御率1・80の成績で最優秀救援投手と最優秀防御率のタイトルを獲得した。94年（平成6）に21試合連続セーブポイントの日本

新記録(当時)、92年からの3年連続を含む5回の最優秀救援投手に輝く。まさに90年代を代表する最高のストッパーだった。98年に入団以来の希望だった先発に転向したが、ひじや肩の故障に悩まされ思うような成績は挙げられず、99年(平成11)以降は登板の機会すらほとんどなくなった。毎年毎年その復活が期待されたが、かつての輝きを取り戻すことなく、04年(平成16)近鉄の終幕と時を同じくして現役生活にピリオドを打った。現在はオリックスのコーチ。

91年(平成3)に阪神入りしたのが山崎一玄。3年目から頭角を現し、コンスタントに勝ち星を挙げていたが、01年(平成13)近鉄に移籍し、翌年引退した。現在は古巣阪神で打撃投手を務める。同じく阪神に入団した寺田祐也は3年間の在籍中、一軍出場の機会はなかった。99年(平成11年)夏の甲子園で大活躍したのが高木康成。超高校級の落差のあるカーブと速球を武器に三振の山を築く。1回戦の倉吉北(鳥取)戦でも17奪三振、2回戦甲府工(山梨)戦でも10三振を奪う。3回戦は大会屈指の左腕対決と注目を集めたが、優勝した正田の桐生一(群馬)に敗れた。この試合でも3試合連続となる2ケタ三振を奪っている。近鉄入団3年目の02年(平成14)に27試合に登板し3勝を挙げたが、その後、故障もあって低迷している。また、昨秋のドラフトで深田拓也が巨人入りした。

第一章　伝統の輝き

① 鈴木芳太郎　静岡中―専大―南海（1938秋、43）　投手
実働（2年）　14試合1勝5敗　投球回80　防御率3．49　奪三振25

② 宇佐見一夫　静岡中―横浜高商―満鉄倶楽部―国鉄（1950～53）　捕手
実働（2年）　105試合309打数56安打　打率・181　本塁打2　打点21　盗塁13

③ 赤池彰敏　静岡―立大―国鉄（1958～59）　内野手
実働（3年）　182試合594打数168安打　打率・283　本塁打12　打点70　盗塁1

④ 近藤晴彦　静岡―早大―大洋（1959～60）　外野手
実働（2年）　15試合5打数1安打　打率・200　本塁打0　打点0　盗塁1

⑤ 種茂雅之　静岡―立大―丸善石油―東映（1961）―阪急（72～74）　捕手
実働（2年）　86試合87打数14安打　打率・161　本塁打1　打点2　盗塁1

実働（14年）　1190試合3024打数736安打　打率・243　本塁打29　打点247　盗塁21

〈表彰〉ゴールデングラブ賞1回（62） 日本シリーズ最高殊勲選手（62）

⑥ 植野浩史　静岡—大洋（1961）　内野手
実働（1年）2試合、打数なし

⑦ 小田義人　静岡—早大—大昭和製紙—ヤクルト（1972ドラフト②）—日本ハム（7
5）—南海（78）—近鉄（82〜83）　内野手
実働（11年）887試合2384打数610安打　打率・256　本塁打67　打点274
盗塁28

⑧ 服部敏和　静岡—立大—日本楽器—近鉄（1968ドラフト⑩）—日本ハム（76〜8
2）　内・外野手
実働（14年）1241試合2065打数501安打　打率・243　本塁打27　打点16
0　盗塁80

⑨ 佐藤竹秀　静岡—日本軽金属—近鉄（1969ドラフト⑥）—ヤクルト（79）　外野手
実働（9年）364試合127打数　打率・219　本塁打24　打点94
1

⑩ 望月　充　静岡—立大—大昭和製紙—阪神（1971ドラフト③）—南海（76〜77）

第一章　伝統の輝き

外野手

実働（6年）398試合1025打数216安打　打率・211　本塁打30　100打点　盗塁5

⑪植松精一　静岡―法大―阪神（'77ドラフト②～'83）　外野手

実働（5年）220試合376打数72安打　打率・191　本塁打2　打点22　盗塁5

⑫大久保学　静岡―南海（'82ドラフト②～'88）　投手

実働（3年）30試合2勝1敗1S　投球回53　防御率7・13　奪三振20

⑬望月秀継（一、秀通）　静岡―広島（'86ドラフト④）―ダイエー（'97）　投手

実働（6年）161試合21勝19敗7S　投球回317⅔　防御率3・94　奪三振221

⑭赤堀元之　静岡―近鉄（'88ドラフト④～'04）　投手

実働（15年）376試合58勝45敗139S　投球回791⅔　防御率2・83　奪三振587

〈タイトル〉最優秀防御率1回（'92）　最優秀救援投手5回（'92～'94、'96～'97）

⑮山崎一玄　静岡―阪神（1990ドラフト③）―近鉄（'01～'02）　投手

実働（9年）204試合20勝20敗3S　投球回541　防御率3・69　奪三振283

31

⑯ 寺田祐也　静岡―阪神（1998ドラフト⑤〜01）　内野手＝公式戦出場なし

※⑰ 高木康成　静岡―近鉄（99年ドラフト②）―オリックス（05〜）　投手
通算（4年）59試合7勝13敗0S　投球回151⅔　防御率4・45　奪三振120

※⑱ 深田拓也　静岡―中京大―巨人（2005大学・社会人ドラフト⑥〜）　投手

（※は現役）

3　島田商　戦前に黄金期、好選手を輩出

投手と内野手で"オールスター"

1926年（大正15）全国優勝するなど長く県内無敵を誇った静岡中に代わり島田商が黄金時代を築く。33年（昭和8）選抜大会を皮切りに、41年（昭和18）夏の戦争による中止まで、9年間で11回（春7、夏4）の甲子園出場を果たす。この間、ベスト8が2回、ベスト4が2回。40年（昭和15）夏には準優勝に輝くなど全国レベルの強豪となり、"頂点"も間近と思わせる勢いだった。

32

第一章　伝統の輝き

甲子園デビューの頃のエースで4番が**大友一明**。夏初陣となった34年（昭和9）の享栄商戦は自らの乱調で大敗を喫するが、打撃の方は4打数4安打と力を見せた。翌35年春、初戦で米

◀一言多十（島田商、セネタース・東急・急映ー阪急）

▶長持栄吉（島田商、セネタース・東急・急映・東急ー大洋ー広島）

子中（鳥取）を5―2で破り待望の甲子園初勝利。続く準々決勝は強豪の岐阜商。頼みの大友が序盤で打たれ、浜松・元城小出身の好投手・松井栄造（のち早大）に完封負けを喫した。36年（昭和11）創設されたプロ野球に身を投じ、大東京入りする。投手としては3年間9勝28敗、打者としては戦争を挟み8年間319安打7本塁打の成績を残す。1リーグ時代のオールスターともいえる東西対抗にも投手と内野手で2回選ばれている。球界を代表する選手だった。

　大友の次のエースが**高橋敏**。37年（昭和12）春に小倉工（福岡）を5―0で下し甲子園2勝目を挙げる。38年（昭和13）阪急に入団。39年には17勝10敗、防御率1・60（2位）と大活躍をみせた。先輩の大友同様、野手としても数多くの試合に出場した。

　甲子園では今ひとつ実績の上がらなかった島商だが、県内ではもはや敵なしの強さだった。39年（昭和14）春から5季連続で甲子園に出場し、優勝候補の一角に数えられるようになっていた。エース**一言多十**を擁し、39年は春・夏ともベスト4。40年春がベスト8、そして夏いよいよ決勝に進む。相手は夏2連覇を狙う海草中（和歌山）。海草中には前年夏の準決勝で対戦し0―8で完敗、しかも嶋清一投手にノーヒットノーランを許している。春のセンバツではその海草中に5―4で雪辱、夏の決勝がまさに「決戦の場」だった。試合は〝戦前最

第一章　伝統の輝き

後の怪腕〟といわれた真田重蔵と一言の力の込もった投げ合いとなった。三回、海草中が1点を先制すると、四回に島商が同点に追いつく。島商は試合を優位に進めながらチャンスを逃し、逆に七回2死から決勝点を奪われ1-2で涙を飲んだ。専大に進んだ一言は41年（昭和16）春の国学院大戦で、リーグ初のノーヒットノーランを記録している。プロ入りは46年（昭和21）。セネタースではいきなり新人開幕投手を務めた。実働4年と短かったが、珍しい名前もあって、投げて打ってのプレーは人気だった。

戦後のリーグに大量の島商勢

46年（昭和21）のセネタースには一言のほか**長持栄吉、鈴木清一、北川桂太郎**の3人が入団している。長持は既に29歳。東急を経て大洋、広島で活躍し57年（昭和32）引退した。56年に38歳で打った代打満塁本塁打は最年長記録（当時）。50年（昭和25）に1年間だけ在籍した大洋では球団第1号本塁打を放っている。実働12年、942安打43本塁打。鈴木は甲子園準優勝の遊撃手。一言と同じ専大―セネタースの道を歩む。1年目から俊足を生かしシーズン14本（プロ歴代4位）の三塁打を打った。北川は戦前最後となる41年（昭和16）春の甲子園に右翼手で出場した。途中ブランクはあるが投手と野手の二束わらじで7年間、投手と

して13勝、打者として106安打7本塁打の記録が残る。

2リーグ分裂の50年（昭和25）に、新たに創設された国鉄に**久保吾一**と**福田勇一**が入団する。

久保は戦前最後の甲子園となった41年春に左翼を守った。専大—明電舎を経てプロ入り。先輩の福田も専大出身で社会人を渡り歩き小口製作所から加わる。久保は3年、福田も4年と活躍は短かった。福田は新人の年に三塁打10本を放っている。選手かき集めに追われる国鉄には静商出身の森谷（内野手）、静中の宇佐美（捕手）らも移籍して加わっており、県勢が一時主力を占めていた。そのあと51年（昭和26）に**鍋島鉱次郎**が東急に、53年（昭和28）に**岩井活水**が広島に入るが、ともに1年在籍しただけ。

戦後、チームの低迷に合わせるようにプロ入りする選手も途絶え、ようやく89年（平成元）**山口晋**が戦後生まれとして初めてドラフト5位で広島に入団する。途中日本ハムに移ったが1軍での登板はなかった。

戦前の黄金期が夢だったかのような長い長い"スランプ"から目覚めたのが98年（平成10）春。実に57年ぶりの甲子園出場だった。試合は強豪・敦賀気比（福井）に1—4で敗れ40年（昭和15）以来58年ぶりの校歌は聴けなかったが、球場には1万人を超える熱心な島商ファンやOBが詰め掛け大声援を送った。01年ドラフト11位で29歳の**牧田勝吾**がオリック

第一章　伝統の輝き

ス入り。唯一の現役として活躍が期待される。

① **大友一明**　島田商―大東京（1936、37春）―ライオン（37秋、38）―朝日（4
2〜43）―ゴールドスター（46）・金星（47〜48）　投手、内・外野手
実働（3年）　63試合9勝28敗　投球回327　防御率3・99　奪三振134
実働（8年）　518試合1572打数319安打　打率・203　本塁打7　打点114
盗塁34

② **高橋敏**　島田商―阪急（1938〜39、43〜44、46）　投手、外野手
実働（4年）　61試合21勝16敗　投球回351⅔　防御率2・07　奪三振103
実働（5年）　109試合243打席50安打　打率・206　本塁打0　打点25　盗塁1

③ **一言多十**　島田商―専大―セネタース（1946）・東急・急映―新田建設―阪急（5
0）　投手、外野手
実働（4年）　68試合11勝28敗　投球回350⅔　防御率4・41　奪三振99
実働（4年）　273試合823打数163安打　打率・198　本塁打2　打点51　盗塁

④ 長持栄吉　島田商－東海製紙－東洋紡富田－セネタース（1946）・東急・急映・東急
25　－大洋（50）－広島（51～57）　外野手
実働（12年）　1196試合3719打数942安打　打率・253　本塁打43　打点44
6　盗塁72

⑤ 鈴木清一　島田商－専大－セネタース（1946）－東急－金星（48）　内野手
実働（3年）　207試合742打数167安打　打率・225　本塁打8　打点62　盗塁
22

⑥ 北川桂太郎　島田商－セネタース（1946）・東急・急映・東急－西鉄（50）－毎日
（51～52）－大昭和製紙－高橋（56）　投手、内・外野手
実働（6年）　75試合13勝29敗　投球回385⅔　防御率4・20　奪三振118
6　231試合508打数106安打　打率・209　本塁打7　打点54　盗塁

⑦ 久保吾一　島田商－専大－明電舎－国鉄（1950～52）　外野手
実働（3年）　131試合241打数37安打　打率・154　本塁打0　打点18　盗塁13

第一章　伝統の輝き

⑧ 福田勇一　島田商―専大―福田紡績―中央工業―小口工作所―国鉄（1950～53）

内野手

実働（4年）　418試合1234打数264安打　打率・214　本塁打8　打点111　盗塁37

⑨ 鍋島鉱次郎　島田商―昭和木材―杉浦商店―東急（1951）外野手

実働（1年）　55試合87打数14安打　打率・161　本塁打0　打点1　盗塁2

⑩ 岩井活水　島田商―広島（1953）投手

実働（1年）　1試合0勝0敗　投球回1　防御率0・00　奪三振0

⑪ 山口晋　島田商―広島（1989ドラフト⑤）―日本ハム（93～96）投手＝公式戦出場なし

※⑫ 牧田勝吾　島田商―愛知学院大―日本通運―オリックス（2001ドラフト⑪～）内野手

通算（4年）　47試合79打数16安打　打率・148　本塁打1　打点7　盗塁0

（※は現役）

39

4　浜松商　小池、船田　いぶし銀の名脇役

連続エラーなし日本記録

1924年（大正13）に発足した野球部は、戦前は静岡中、島田商などに行く手を阻まれ甲子園の土は踏むことができなかった。戦後ようやく50年（昭和25）夏の第32回選手権大会に初出場する。以来、通算17回（春8、夏9）の出場を数え、73年（昭和53）春の第50回選抜大会では全国優勝を果たすなど、県西部の強豪として高校球界をリードする。

甲子園初出場となった50年夏は1回戦で別府一（大分）と対戦、初勝利を挙げる。この試合7点のリードを許した浜商が終盤に猛反撃をみせ、11—10で見事な逆転勝ち。2回戦は若狭に延長十四回の末、2—3で敗れる。後年「逆転の浜商」「粘りの浜商」と呼ばれるが、すでにその芽を感じさせる初陣だった。

浜商のプロ選手は戦前に投手の**中沢平**1人。セネタース・翼に2年在籍したが公式戦の出場はない。戦後の浜商台頭に合わせるかのようにプロで活躍する選手も出始める。61年（昭和36）専大から南海に入るのが**小池兼司**。56年（昭和31）春の甲子園に出場した。1回戦で

第一章　伝統の輝き

◀小池兼司（浜松商、南海）

▶船田和英（浜松商、巨人―西鉄―ヤクルト）

優勝候補の高松商（香川）を5−2で破りセンバツ初勝利を挙げたが、2回戦は県尼崎（兵庫）に敗れた。南海一筋14年、レギュラー遊撃手として堅実な

守備と走塁で64年（昭和39）からのリーグ3連覇に貢献する。

インを獲得。68年（昭和43）の連続守備機会218回無失策は、その後、山下大輔（清水東―慶大―大洋）に破られるまでプロ野球記録だった。169センチの小柄ながら長打力もあり、本塁打は通算104本。68年（昭和43）のオールスター第3戦では江夏豊（阪神）から本塁打を打ち、最優秀選手に選ばれている。現役引退後は2軍のコーチや監督をつとめた。小池の同期、甲子園の4番一塁手・河合礼爾は大洋へ進むが、公式戦での活躍はない。

"ライフルマン"で人気

小池の1年後、62年（昭和37）巨人入りしたのが船田和英。名手・広岡達郎と三遊間を組む。2年目には早くも125試合に出場し打率・248、6本塁打、34打点の活躍をみせ、チームの日本一に貢献する。当時の米人気TVドラマの主人公に風貌が似ていたことからニックネームは「ライフルマン」。66年（昭和41）に西鉄移籍。68年には打率・286で打撃成績7位になるなど中心選手として活躍していたが、69年（昭和44）に発覚したチームの八百長に絡む黒い霧事件で出場停止処分を受け、70年（昭和45）再びセ・リーグに戻りヤクルト入団。プロ15年目の76年（昭和51）に通算100（昭和47）

第一章　伝統の輝き

0本安打を達成、打率・302をマークしカムバック賞に輝いた。78年（昭和53）には広岡監督の下、ヤクルト初優勝に大きく貢献。特に終盤の天王山、静岡草薙球場での中日戦で星野仙一からサヨナラ本塁打を放つなど大活躍、日本一に輝く。オールスターは通算5回出場しているが、西鉄時代の69年（昭和44）第2戦で、前年の先輩小池に続く最優秀選手に選ばれている。

小池と同じ専大に進んだ**佐野真樹夫**は、65年（昭和40）第1回ドラフトで広島から1位指名される。61年（昭和36）、11年ぶり2度目の夏甲子園に出場したときの主将。1回戦で怪童尾崎の浪商（大阪）と当たるが、渡辺三郎投手が大熊（のち阪急）、住友（のち阪急）、大塚（のち東京）、高田（のち巨人）らの強力打線を8安打1点に抑える力投。打線も15三振を喫しながら9安打を放ち、0－1で敗れたものの優勝した浪商をあと1歩まで苦しめた。プロでは4年間、打率・1

大学でも主将を務め4年春・秋と連覇、大学日本一にもなった。

佐野に続くドラフト1位が中大へ進んだ**杉田久雄**。大学では通算21勝。4年秋には8勝を挙げ優勝、さらにMVP、最優秀投手、ベストナインの"3冠"に輝いた。70年（昭和45）93、3本塁打、17打点。78年に東映入り。3年目に初勝利を挙げた後あまり出番がなかったが、76年から5勝、3勝。78

年南海に移り3勝、7勝。80年シーズン途中で広島に移り、翌年現役を引退。その後、巨人で打撃投手も務めた。

内野の万能選手

67年（昭和42）、浜商は3度目の夏の甲子園に出場する。主将・遊撃手だったのが**榊原良行**。初戦の相手は3年前の選抜で延長戦の末敗れた土佐（高知）。1点リードで迎えた九回、同点に追いつかれ、延長十一回に一挙4点を奪われる。雪辱を期した戦いは、またも延長戦で涙をのんだ。榊原は1年先輩の杉田に続いて中大へ進み、抜群の守備力で1年春からレギュラーで活躍した。日本楽器では都市対抗で優勝も果たす。74年（昭和49）ドラフト4位で阪神入り。掛布、真弓、岡田らの控えとして二塁、三塁、遊撃と内野はどこでも守った。82年（昭和57）日本ハムに移り、84年引退した。日本ハム、阪神でコーチ、現在は台湾プロ野球・兄弟でコーチ。同じ阪神に77年ドラフト外で入団した**大石和宏**は2年在籍したが一軍出場なし。

75年（昭和50）、3回目となる夏の甲子園で浜商野球部史に残る「一発」が出た。1回戦で竜ヶ崎一（茨城）を破り、2回戦は石川（沖縄）と対戦。4—5と1点リードされ迎えた

第一章　伝統の輝き

九回裏2死二塁、高林基久の打球は大歓声の中、右翼ラッキーゾーンへ。大会史上初の逆転サヨナラ本塁打だった。3回戦は天理に敗れたが浜商の名を全国区に高めた。

そして78年（昭和53）春の第50回選抜大会、いよいよ浜商が全国の頂点に立つときが来た。1回戦の益田（島根）は樽井徹が5安打完封。2回戦の早実は終盤に3点差を〝お家芸〟の逆転で5－4。準々決勝は樽井が再び完封、東北を3－0。準決勝が今大会のハイライトだった。相手は優勝候補、大会№1左腕の木暮を擁する桐生（群馬）。初回のピンチに樽井をリリーフした青野が好投を続けていたが、死球を受け退場するアクシデント。急きょ右翼からマウンドに戻った樽井が気迫の投球を見せる。2－2で迎えた七回、待望の決勝点を入れ振り切った。決勝はともに初栄冠を目指す福井商。初回からピンチの連続だったが、樽井が粘りの投球を見せ3度目の完封劇。韮山、静商に続く県勢3度目の紫紺の優勝旗を持ち帰った。

親子2代のプロ選手と話題になったのが、佐野真樹夫の息子の**佐野心**。84年（昭和59）夏の甲子園に主将として出場する。2回戦で松山商（愛媛）に敗れたが、すごかったのが1回戦の智弁学園戦（奈良）。7点差をひっくり返す大逆転劇で、またまた全国に「粘りの浜商」を見せつけた。父と同じ専大に進み、3年生秋に首位打者。いすゞ自動車を経て91年（平成

3）ドラフト6位で中日に入った。実働2年だった。

① 中沢 平　浜松商―セネタース（1939）・翼（40）　投手＝公式戦出場なし

② 河合礼爾　浜松商―大洋（1961〜63）　内野手＝公式戦出場なし

③ 小池兼司　浜松商―専大―南海（1961〜74）　内野手
実働（14年）1536試合4431打数1003安打　打率・226　本塁打104　打点473　盗塁113

〈表彰〉ベストナイン4回（遊撃63〜66）

④ 船田和英　浜松商―北洋水産―巨人（1962）―西鉄（66）―ヤクルト（72〜80）　内野手
実働（19年）1730試合5094打数1281安打　打率・251　本塁打105　打点446　盗塁175

⑤ 佐野真樹夫　浜松商―専大―広島（1965ドラフト①〜69）　内野手
実働（4年）162試合306打数59安打　打率・193　本塁打3　打点17　盗塁6

第一章　伝統の輝き

⑥ 杉田久雄　浜松商―中大―東映（1970ドラフト①）・日拓・日本ハム―南海（78）
―広島（80～81）　投手
実働（10年）　141試合19勝39敗0S　投球回502⅓　防御率4・88　奪三振171　4）

⑦ 榊原良行　浜松商―中大―日本楽器―阪神（1974ドラフト④）―日本ハム（82～8
4）　内野手
実働（10年）　689試合1552打数387安打　打率・249　本塁打20　打点96　盗
塁25

⑧ 大石和宏　浜松商―阪神（1977ドラフト外～79）　外野手＝公式戦出場なし

⑨ 佐野心　浜松商―専大―いすゞ自動車―中日（1991ドラフト⑥～94）外野手
実働（2年）　27試合11打数1安打　打率・091　本塁打0　打点1　盗塁4

5 掛川西（掛川中） 戦場に散った大エース村松

38年夏、開会式で宣誓

掛川中野球部は1901年（明治34）の学校創立間もないころ活動を始めた。その後、大正時代後半から徐々に実力を蓄え始め、昭和初めには静岡中、静岡商、島田商に迫る力を見せていた。しかし当時は静中、島商の全盛期。甲子園へなかなかこまを進めることは出来なかった。ようやく初出場したのは38年（昭和13）夏。県大会決勝で敗れた宿敵島商に山静大会決勝で雪辱しての甲子園だった。戦前はこれ1回。戦後も61年（昭和36）になって春センバツに2回目の出場。以来通算春3回、夏5回を数える。

村松幸雄は甲子園に初出場した38年夏の主将で4番エース。8月13日の開会式では選手を代表して宣誓した。「われらは武士道の精神にのっとり正々堂々と試合し誓って中等学校野球の精神を発揮せんことを期す…」。村松の一句一句をシュプレヒコールのようにグラウンドの全選手が一斉唱和する。さらにスタンド一体となって愛国行進曲の大合唱、進軍ラッパで開会した。日中戦争が激しくなる中、戦時色濃い大会だった。試合は1回戦で坂出商（香

48

第一章　伝統の輝き

川）に0－2で敗れ、初陣を飾ることは出来なかった。村松は卒業と同時に名古屋に入団、西沢道夫とともに投の2本柱として大活躍する。初登板でいきなり完封勝利。1年目5勝3敗、2年目21勝13敗、3年目12勝10敗。3年間の防御率が1・26。特に3年目は0・98の数字を残す。41年（昭和16年）11月、今のオールスターにあたる東西対抗を最後に、召集され戦場に向かう。44年（昭和19年）グアム島で戦死。東京ドーム横にあるプロ野球選手の戦没者慰霊「鎮魂碑」に、沢村栄治（巨人）、景浦将（阪神）、遠藤忠二郎（浜松一中―大東京―名古屋―セネタース）らとともに名が刻まれている。戦前を代表する投手の1人で、生きていれば戦後もさらに活躍できただろうと惜しまれる。村松の1年先輩、**天野竹一**も同じ明大を経て同じ39年名古屋入りする。2年間で30打数3安打。

▶甲子園開会式で選手宣誓する村松幸雄
（掛中掛西高百年史）

31歳新人、いきなり4番

戦後、プロ入りするのが**岡本教平**。社会人野球を経て近鉄入り。実働2年で4勝を挙げる。

荒川宗一は早大に進み25年からの3連覇含め5回の優勝、大昭和製紙では53年(昭和28)に都市対抗を制覇している。31歳で高橋に入団。同じ大昭和からプロ復帰した北川桂太郎(島田商出身)もいた。荒川は新人ながら4番を任され、149試合に出場し121安打、4本塁打の成績を残す。チームが解散となり、わずか1年で球界を去った。

東京オリンピックが開催された64年(昭和39)、夏2回目の甲子園で掛川西は待望の初勝利を挙げる。1回戦八代東(熊本)との対戦は、山崎道夫と八代・池田(のち阪神)の力投で0—0のまま延長十八回引き分け再試合となった。再試合は一転初回から打ち合いとなり6—2で勝利、甲子園に初めての校歌が流れた。続く2回戦は平安(京都)に逆転負けしたが、古豪相手に熱戦を展開した。掛西は75年(昭和50)選抜大会でも、能登川(滋賀)、天理(奈良)を破りベスト8に進む活躍をみせた。

プロ選手はその後、**大石直弘**が78年(昭和53)ドラフト3位で阪急に入ったが、3試合に登板し未勝利。99年(平成11)横浜にドラフト4位で入った**鈴木寛樹**は一軍登板の機会なくユニホームを脱いだ。

第一章　伝統の輝き

① 村松幸雄　掛川中―名古屋（1939―41）　投手

実働（3年）89試合38勝26敗　投球回577⅓　防御率1・26　奪三振148

② 天野竹一　掛川中―明大―名古屋（1939～40）　内野手

実働（2年）30試合30打数3安打　打率・100　本塁打0　打点5　盗塁1

③ 岡本教平　掛川西―川崎トキコ―近鉄（1955～57）　投手

実働（2年）37試合4勝7敗　投球回110⅓　防御率4・70　奪三振26

④ 荒川宗一　掛川中―早大―大昭和製紙―高橋（1956）　外野手

実働（1年）149試合537打数121安打　打率・225　本塁打4　打点37　盗塁

12

⑤ 大石直弘　掛川西―阪急（1978ドラフト③～84）　投手

実働（1年）3試合0勝0敗　投球回4⅓　防御率4・15　奪三振0

⑥ 鈴木寛樹　掛川西―横浜（1999ドラフト④～02）

投手＝公式戦出場なし

51

第二章　強豪の誇り

韮山　センバツ優勝のエース東泉

　1897年（明治30）創部の伝統校だが、甲子園は戦後になっての登場。50年（昭25）選抜大会。韮山は全国的には全くの無名だったが、**東泉東二**の力投と粘り強い攻撃で快進撃、初出場初優勝を飾る。1回戦で兵庫工を5－1で破ると、2回戦はV候補の八幡（福岡）と対戦、5点差をひっくり返して6－5の逆転勝ち。勢いに乗った韮山は準決勝では前年の覇者北野（大阪）に7－3で快勝、決勝も東泉が高知商を3安打1失点に抑え4－1で紫紺の大旗をつかんだ。選抜大会での東日本勢の優勝は初めてだった。

　エースの東泉は52年（昭和27）東急に入団するが、高校時代の華やかな経歴とは違って、プロの水は苦く、2年間8試合に登板しただけで1勝も挙げることができなかった。

①**東泉東二**　韮山―東急（1952〜53）　投手

実働（2年）　8試合0勝1敗　投球回15 2/3　防御率9・00　奪三振8

沼津東（沼津中）　村田、戦後初の夏大会出場

野球部は開校間もない1903年（明治36）に産声をあげる。戦前は静岡中、島田商などに押され目立った活躍はない。しかし戦後の46年（昭和21）復活第1回となった夏の選手権大会に初出場する。舞台は、甲子園が進駐軍に接収されていたため西宮球場。開幕初日の第2試合で愛知商と対戦し0―2で惜敗した。エースだった村田弘は50年（昭和25）阪神に入るが、肩を壊し1年で退団する。

①村田　弘　沼津東―阪神（1950）　投手＝公式戦出場なし

第二章　強豪の誇り

富士　渡辺、巨人と広島で日本一

甲子園の出場は79年（昭和54）夏、87年（昭和62）春の2回。夏は初戦の2回戦で高知と対戦し、勝利目前の九回に2点リードを追いつかれ、延長十五回3－4で無念のサヨナラ負け。春は滝川二（兵庫）に0－3で敗れた。

プロ入りは4人だが、投打それぞれにチームの中核を担った選手が出ている。

54年（昭和29）、高橋ユニオンズに3人そろって入団する。投手の**田村満**、**石川進**と外野手の**大木護**。田村はデビュー2試合目に1イニング7四球の記録を残す。結局これが最後の登板となった。2試合1回2/3を投げ、打者15人に対し被安打2、与四球8、自責点7。高校同期の大木護は3年66試合で9安打4打点。2年先輩・石川は大昭和製紙を経てプロ入り、外野手に転向し活躍する。57年（昭和32）東映へ移ったあと一度大昭和に戻るが、59年（昭和34）大毎に入り、60年リーグ優勝。阪急でも67、68年（昭和42、43）に2連覇。3回の日本シリーズは主に代打として通算8試合11打数5安打の成績が残る。69年引退。実働15年1082試合509安打。

▶渡辺秀武（富士―巨人―日拓・日本ハム―大洋―ロッテ―広島）

現役最終戦で与死球日本新

堀内、高橋一と並び巨人の3本柱として活躍したのが渡辺秀武。本州製紙、日本軽金属を経て63年（昭和38）に入団、4年目の66年（昭和41）下手投げに変えていきなり13勝、翌年も13勝を挙げる。70年（昭和45）には5月18日広島戦でノーヒットノーランを達成、この年23勝8敗の好成績を残す。73年（昭和48）日拓に移った後は大洋―ロッテを経て79年（昭和54）に広島へ。既に37歳だったが3年連続で40試合以上に登板し、江夏につなぐ貴重な中継ぎとして、79、80年の2年連続日本一にも貢献した。82年、現役最終戦で"狙って"当てた144個目の死球は、東尾修（西武）に抜かれるまでプロ野球記録だった。大きな体に似合わぬ気の優しさから「メリーちゃん」の愛称で呼ばれたが、この数字をみれば気が弱いとばかりもいえまい。通

第二章　強豪の誇り

算成績は118勝100敗。投手としては息の長い20年の選手生活だった。退団後は広島のスカウトを務め、好素材を発掘する。

① 田村　満　富士―明大―高橋（1954）　投手
実働（1年）　2試合0勝0敗　投球回1⅔　防御率31・50　奪三振0

② 大木　護　富士―高橋（1954）・トンボ・高橋（～56）　外野手
実働（3年）　66試合68打数9安打　打率・132　本塁打0　打点4　盗塁1

③ 石川　進　富士―大昭和製紙―高橋（1954）・トンボ・高橋・東映（57）―大昭和製紙―大毎（59）―阪急（64～69）　外野手
実働（15年）　1082試合1933打数509安打　打率・263　本塁打15　打点17　2　盗塁85

④ 渡辺秀武　富士―本州製紙―日本軽金属―巨人（1963）―日拓（73）・日本ハム―大洋（76）―ロッテ（78）―広島（79～82）　投手
実働（19年）　606試合118勝100敗8S　投球回2083⅔　防御率3・35　奪

57

三振1041

吉原商　加藤、19年間積み上げた141勝

静岡県出身の投手として最高の勝ち星を上げたのが**加藤初**。亜大中退、大昭和に入り都市対抗で優勝。安田猛（のちヤクルト）がエースで加藤が2番手だった。71年（昭和46）激しい獲得競争の末、ドラフト外で西鉄に入る。当時、西鉄は黒い霧事件で主力がごっそり抜けたため「チャンスあり」と、巨人の誘いを蹴っての入団だった。1年目から東尾修とともに大車輪の働きで48試合に登板、17勝（16敗）を挙げ新人王に輝く。その後、経営が変わった太平洋でも投手陣を支えた。76年（昭和51）に巨人移籍。開幕早々の4月18日、対広島戦でノーヒットノーラン。この年15勝4敗8セーブ、勝率・789の活躍で80年には最高勝率のタイトルを獲得、長嶋巨人の初優勝に貢献した。その後勝ち星が挙がらず80年にはわずか1勝と低迷したが、翌81年は12勝を挙げ復活、84年10勝、86年14勝と2ケタを記録した。新浦寿夫（静岡商出身）とともに巨人の屋台骨を支えた時期もあった。表情ひとつ変えず、淡々と投げ続

第二章　強豪の誇り

武藤潤一郎はプリンスホテルから92年（平成4）ロッテ入り。専大では杉山賢人（沼津学園出身）と同期。ともに社会人を経てドラフト1位でプロ入りした。なかなか勝ち星に恵まれず、初勝利は5年目の97年（平成9）。その後3年間で15勝を挙げる。02年（平成14）日本ハムに移籍するが未勝利。04年移籍した西武では登板機会なく、その年限りで引退した。05年は台湾・兄弟でプレー。今年湘南シーレックス投手コーチに就任した。

け西鉄・太平洋で45勝、巨人で96勝。90年（平成2）、19年間に及ぶ長い現役生活を終えた。引退後は古巣・西武や台湾、韓国でコーチを務めた。

▶加藤初（吉原商、西鉄・太平洋―巨人）

① 加藤　初　　吉原商―亜大―大昭和製紙―西鉄（1971ドラフト外）・太平洋―巨人（76

～90） 投手

実働（19年） 490試合141勝113敗22S 投球回2250 防御率3・50 奪三振1500

〈タイトル〉 最高勝率1回（76）

〈表彰〉 新人王（72）

②**武藤潤一郎** 吉原商―専大―プリンスホテル―ロッテ（1992ドラフト①）―日本ハム（02）―西武（04） 投手

実働（11年） 159試合17勝33敗0S 投球回539 2/3 防御率4・77 奪三振420

富士宮北　闘志の広瀬、トークも人気

県東部の強豪。昨夏は県大会決勝で敗れ初の選手権大会出場を逃す。甲子園には過去選抜大会に1966年（昭和41）と80年（昭和55）の2回出場した。66年は1回戦で米子東（鳥取）に1―6で敗退。80年は初戦上宮（大阪）を4―3の接戦で下し甲子園初勝利を挙げた

第二章　強豪の誇り

が、2回戦は強豪高知商に0-7で敗れた。

今、タレントとしても活躍する**広瀬哲朗**は、駒大で4年間全試合に出場しベストナイン4回、歴代11位の100安打を放つ。ヤクルト4位指名を拒否し本田技研へ。85年（昭和60）ドラフト1位で日本ハム入団。同僚にヤクルト1位指名の伊東昭光がいた。93、94年（平成5、6）2年連続でベストナインとゴールデングラブ賞を受賞。92年から大沢監督の指名で主将を務めた。98年引退。

池野昌之は、高校時代あまり目立った活躍はなかったが、強肩を買われて94年（平成6）ドラフト7位でロッテ入り。1軍に上がることなく00年引退した。

① **広瀬哲朗**　富士宮北―駒大―本田技研―日本ハム（1985ドラフト①～98）内野手

実働（12年）　966試合2268打数592安打　打率・261　12本塁打　173打点

盗塁84

〈表彰〉ベストナイン（93～94）　ゴールデングラブ賞（93～94）

61

② 池野昌之　富士宮北―ロッテ（1994ドラフト⑦～00）　捕手＝公式戦出場なし

清水東　山下、県出身者初の監督

野球部は1929年（昭和4）の創設。戦前は県大会の準決勝進出が最高成績だった。戦後、昭和30年代に入り黄金期を迎える。後にプロ入りする**漆畑勝久**（広島）、**鈴木惠夫**（東映）や山田茂利（のち明大）らを擁し57年（昭和32）夏から3季連続で甲子園に出場する。57年夏は県大会決勝で掛川西に敗れ、山静大会でその掛西に雪辱しての初出場だった。初戦でこの大会で準優勝した法政二（神奈川）と対戦し0―3で完敗。翌58年春も優勝した済々黌（熊本）に0―3で敗れた。初回ともに満塁の好機を得たが清水東が無得点、済々黌2点。結局、この明暗が勝敗を分けた。夏は1回戦八幡浜（愛媛）を3―0で完封、初勝利を挙げる。2回戦は姫路南（兵庫）に3―4でサヨナラ負けした。19年ぶりに出場した77年（昭和52）選抜では県岐阜

しかし、この試合は西宮球場で行われたため「甲子園1勝」はお預けに。

第二章　強豪の誇り

▶山下大輔（清水東、大洋・横浜監督）

商に0－4で敗れた。

プロ第1号となった漆畑は62年（昭和37）広島入り。明大では強打の遊撃手として1年から活躍した。入団後は遊撃のほか二塁、三塁も守った。実働8年430試合に出場し166安打16本塁打。

黄金期の捕手・鈴木惠夫は早大を経て63年（昭和38）東映に入団する。種茂雅之（静岡高出身）がいたため控えに回ることが多かった。引退後も12年間東映・日拓・日本ハム一筋にコーチを務めた。実働9年、149安打11本塁打。

甘いマスクで神宮のスター

神宮の花形、球界を代表する遊撃手、静岡県出身者初のプロ野球監督。**山下大輔**は華やかな道を歩み続けた。高校1年の夏、2年先輩のエース松

下勝実（のち慶大）とともに県大会決勝に進むが浜松商に０－１で惜敗、甲子園の夢は絶たれる。慶大では1年春からレギュラー、甘いマスクと華麗なプレーで神宮のスターに。71年（昭和46）秋から3季連続優勝に貢献。主将となった4年春には首位打者を獲得した。73年（昭和48）ドラフト1位、鳴り物入りで大洋に入団する。ところが期待された打撃がさっぱり。1年目は92試合に出場し、わずか30安打の打率・181。逆に守備は磨きがかかり「名人」として活躍をみせる。77～78年（昭和57～58）に、それまで小池兼司（南海、浜松商出身）が持っていた連続守備機会218回無失策の記録を大きく更新する「322」回無失策の日本記録を打ち立てる。ゴールデングラブ賞にも76年（昭和51）から8年連続で輝いた。87年（昭和62）現役引退。高木豊に遊撃を譲ってからは二塁、三塁を守ることが多くなった。

実働14年、1378安打129本塁打。98年（平成10）権藤監督の下、ヘッドコーチとして横浜の日本一に貢献した。03年（平成15）にはチーム生え抜きとして監督に就任。しかし1年目は45勝94敗、勝率・324でドラフト制移行後の最低勝率を更新、翌04年も最下位に終わり退任した。05年、新球団楽天のヘッドコーチに迎えられたが、成績不振からシーズン早々に2軍監督に降格した。06年から球団フロント入り。

第二章 強豪の誇り

① 漆畑勝久　清水東―明大―広島（1962〜69）　遊撃手

通算（8年）　430試合803打数166安打　打率・207　本塁打16　打点67　盗塁11

② 鈴木惠夫　清水東―早大―東映（1963〜71）　捕手

実働（9年）　376試合655打数149安打　打率・227　本塁打11　打点45　盗塁4

③ 山下大輔　清水東―慶大―大洋（1973ドラフト①〜87）　内野手

実働（14年）　1609試合5259打数1378安打　打率・262　本塁打129　打点455　盗塁95

〈表彰〉ベストナイン1回（81）、ゴールデングラブ賞8回（76〜83）

清水商　大石、3年連続20勝以上

過去春2回、夏1回甲子園に出場している。1963年（昭和38）の選抜大会が甲子園初登場。1回戦の御所工（奈良）戦は六回表まで4—0とリードしたが、御所工の猛反撃に遭い4—5で逆転負けした。春2度目となる68年（昭和43）は星林（和歌山）に12盗塁と走りまくられ6—7とリードされたが、九回土壇場で追いつき、延長十二回にサヨナラ勝ち。2回戦は倉敷工（岡山）に0—3で零封された。夏の初出場は86年（昭和61）。初戦でこの大会準優勝した松山商（愛媛）に2—12で敗れた。

中継ぎ転向後も存在感

大石清は59年（昭和34）広島入り。快速球を武器に1年目早くも39試合に登板し9勝を挙げる。2年目の60年（昭和35）から26勝、27勝、20勝と3年連続で20勝以上。エースとして大車輪の働きをみせた。65年10勝、64年にも17勝したが、登板過多で肩とひじを痛め、その後2年は2勝止まり。67年（昭和42）阪急へ移籍し中継ぎとして活躍、67～69年のリーグ3

第二章　強豪の誇り

連覇に貢献した。70年（昭和45）通算134勝126敗、1381奪三振の記録を残し引退。その後は阪急、近鉄、広島、日本ハム、阪神などでコーチを務めた。入団早々のオープン戦（対南海）で4死球を出し、2度ぶつけられた大沢啓二（元日本ハム監督）が怒って投げつけたバットを相手ベンチに投げ返した「武勇伝」は有名。打撃もなかなかのもので通算113安打、打率・174をマーク。64年には1シーズン3本の本塁打を放っている。

杉山知隆は専大に進み1試合15三振の東都大学記録（当時）をつくる。東芝を経て72年（昭和47）ドラフト2位で大洋に入団。3年目の75年に初勝利を挙げる。81年引退。78年（昭和53）日本ハムへ移り9勝。79年には自己最高の11勝（17敗）をマークした。

日大時代はシドニー五輪の代表候補、00年（平成12）ドラフト2位でロッテに入った**加藤康介**は1年目9勝（10敗）、惜しくも新人王は逃す。2年目も11勝（15敗）の成績を上げたが、翌年からはケガもあり低迷している。05年にイースタン・リーグで完全試合を達成した。

①**大石　清**　清水商—広島（1959）—阪急（67〜70）　投手

実働（12年） 516試合134勝126敗 投球回2157 1/3 防御率3・00 奪三振1381

② 杉山知隆 清水商―専大―東芝―大洋（1972ドラフト②）―日本ハム（78〜81）投手

実働（8年） 216試合40勝48敗6S 投球回740 1/3 防御率4・65 奪三振529

※③ 加藤康介 清水商―日大―ロッテ（2000ドラフト②〜）投手

通算（5年） 84試合23勝34敗0S 投球回369 2/3 防御率4・72 奪三振304

（※は現役）

清水工 "巨人キラー" の稲葉

稲葉光雄は日軽金を経て1970年（昭和45）にドラフト2位で中日入団。2年目の72年に20勝（11敗）を挙げる大活躍をみせたが、その後は低迷し最高7勝止まり。しかし巨人戦にめっぽう強く、新人の年のプロ初勝利をはじめ通算13勝8敗、勝率・619を誇り "ジャ

第二章　強豪の誇り

イアンツ・キラー″の異名を取る。77年（昭和52）阪急に移籍し17勝6敗と見事な復活、最高勝率（・739）も獲得した。以後2ケタ勝利を3回マークした。84年（昭和59）阪神へ移るが、1軍登板なくこの年限りで引退した。実働13年、通算104勝（中日46、阪急58）。引退後は中日、日本ハムで長くコーチを務めた。

① **稲葉光雄**　清水工─日本軽金属─中日（1970ドラフト②）─阪急（77～83）─阪神（84）　投手

実働（13年）331試合104勝80敗2S　投球回1655⅔　防御率3・44　奪三振837

〈タイトル〉最高勝率1回（77）

榛原（榛原中）　戦前戦後、6人のプロ選手輩出

1901年（明治34）の学校創立と同時に野球部も生まれた。県内屈指の古豪だが甲子園

出場はない。戦前戦後、数多くのプロ選手を輩出している。

36年（昭和11）発足したばかりのプロ野球・名古屋に入団したのが鈴木秀雄。最初は捕手、のち外・内野手として戦後46年（昭和21）までプレーした。44年（昭和19）には当時のオールスター「東西対抗」に出場している。

54年（昭和29）毎日に入団した池田啓一は投手で2試合、内野手で49試合に出場した。50年代、辻村隆（巨人）、長谷川徹（中日）、高橋勝（国鉄）の3人が続けてプロ入りするが、いずれも一軍出場なし。

苦難乗り越え球界12年

時を経て87年（昭和62）、片瀬清利が広島入りする。東都の雄・駒大に入るが肝臓を悪くし3年で退部。東京ガスではエースとして通算27勝を挙げたが、今度はひじを痛め戦力外通告。広島にテスト入団した。主に中継ぎとして活躍し、5年目の92年（平成4）巨人戦で初勝利。この年38試合に登板し7勝1セーブを挙げる。97年（平成9）球団のリストラで広島を去り、阪神にまたまたテスト入団。98年、ウェスタンリーグで最優秀救援投手に輝くが、1軍での登板に恵まれず99年限りで引退した。

第二章　強豪の誇り

① 鈴木秀雄　榛原中―全静岡―名古屋（1936～39）―ライオン（39～40）―大和（42～43）―産業（44）・中部日本（46）　捕手、内・外野手

実働（9年）　393試合　1067打数　193安打　打率・181　本塁打6　打点74　盗塁60

② 辻村　隆　榛原―巨人（1952～54）　投手＝公式戦出場なし

③ 池田啓一　榛原―毎日（54～57）　投手、内野手

実働（2年）　5試合0勝0敗　投球回7⅔　防御率4・50　奪三振1

実働（3年）　54試合79打数15安打　打率・190　本塁打0　打点3　盗塁1

④ 長谷川徹　榛原―中日（1955）　捕手＝公式戦出場なし

⑤ 高橋　勝　榛原―国鉄（1961～65）　捕手＝公式戦出場なし

⑥ 片瀬清利　榛原―駒大―東京ガス―広島（1987ドラフト外）―阪神（97～99）　投手

実働（11年）　127試合16勝22敗2S　投球回387⅔　防御率3・85　奪三振237

浜松北（浜松一中） 遠藤、プロ発足時に参加

 野球部創部は1896年（明治29）。翌30年5月23日行われた静岡中との試合が県内最初の対抗戦として記録に残る。1918年（大正7）第1回県下中等学校野球大会では韮山中を19－1（五回コールド）、掛川中を15－0、静岡中を16－0と圧倒的な強さで優勝した。
 しかし、その後は静岡中の壁厚く、さらに島田商の台頭などもあって甲子園の道は遠かった。ようやく戦後になって春の選抜大会に2回出場する。53年（昭和28）は1回戦で育英（兵庫）に1－3で惜敗、2度目の69年（昭和44）も博多工（福岡）に0－2で敗れた。夏は68年（昭和43）県大会決勝に進むが、その年甲子園準優勝する新浦の静岡商に0－4敗れ、初出場を逃す。
 プロ選手は戦前・戦後に1人ずつ。**遠藤忠二郎**は36年（昭和11）発足した日本初のプロ野球リーグ「日本職業野球連盟」の大東京に参加。名古屋、東京セネタースと移るが、投手としては通算45試合9勝22敗、打者としても100試合近くに出場した。38年秋、中島治康

第二章　強豪の誇り

（巨人）が史上初の三冠王に輝いた時、遠藤は本塁打で中島の10本に次ぐ5本を打っている。太平洋戦争で戦死。東京ドーム横にあるプロ野球選手の霊を慰める鎮魂の碑に、村松幸雄（掛川中出身）とともに名が刻まれる。

戦後に入ると**伊藤万喜三**が、2リーグに分かれた50年（昭和25）に東急に入る。5年で通算5勝10敗。50年5月31日の毎日戦で1試合最多失点「18」の日本記録を残す。

① **遠藤忠二郎**　浜松一中―早大―大東京（1936〜37春）―名古屋（37春・秋）―セネタース（38〜39）　投手、内野手

実働（3年）　45試合9勝22敗　投球回261⅔　防御率4・23　奪三振97

実働（4年）　140試合384打数85安打　打率・221　本塁打5　打点54　盗塁5

② **伊藤万喜三**　浜松北―東急（1950）―阪急（52〜54）　投手

実働（5年）　44試合5勝10敗　投球回129⅔　防御率6・78　奪三振46

浜松工　岩下、白血病から奇跡の復活

創部は古く1924年（大正13）。しかし浜松商、掛川西の壁は厚く、甲子園は68年（昭和43）春の選抜大会が初出場。初戦でこの大会優勝した大宮工（埼玉）に5―9で敗れた。90年代に入るとめきめき実力をつけ、浜商をしのぐ活躍で黄金時代を迎える。94年（平成6）夏に2度目の甲子園出場。1回戦佐賀商に2―6で敗れたが、またも優勝チームという"不運"な巡り合わせだった。96年（平成8）春は太田市商（群馬）に5―6で逆転勝ちし待望の甲子園初勝利。さらに"史上最強"といわれた97年は春夏連続出場を果たす。夏は鹿児島実、報徳学園（兵庫）の実力校を撃破し、準優勝した平安（京都）に惜しくも2―3で敗れた。

プロには3選手を輩出した。**高林哲夫、大畑庄作**はいずれも東急・東映に在籍したが、目立った活躍はなかった。退団後、高林は河合楽器や母校浜松工の監督を務め、43年春の甲子園出場に導く。大畑も河合楽器の監督として都市対抗で準優勝している。

99年ドラフト4位でオリックスに入った**岩下修一**は、01年7月に急性骨髄性白血病と診断

第二章　強豪の誇り

され4カ月の入院生活を強いられたが、翌02年戦列復帰した。05年に戦力外通告、今年日本ハムのテストを受け入れ2勝を挙げた。貴重な中継ぎとして03年には団した。

① **高林哲夫**　浜松工―東映（1950）・東映（〜54）　投手＝公式戦出場なし

② **大畑庄作**　浜松工―東急（1952）・東映（〜57）　捕手
実働（6年）　56試合62打数9安打　打率・145　本塁打1　打点4　盗塁0

③ **岩下修一**　浜松工―三菱自動車岡崎―オリックス（1999ドラフト④）―日本ハム（0 6〜）　投手
通算（6年）　95試合3勝0敗0S　投球回59 $\frac{2}{3}$　防御率4・83　奪三振55

浜名　山内、5度の2ケタ勝利

山内和宏は80年（昭和55）南海のドラフト1位。新人の81年に5勝7敗、82年からはコンスタントに勝ち星を挙げていく。2ケタ勝利が4年連続を含め5度、83年には18勝（10敗

で最多勝に輝いた。山内新一、山内孝徳との「山内トリオ」「ダブル山内」でホークスを支えた。

90年（平成2）中日に移り92年引退。通算勝利は100勝にわずか3勝届かず97勝。

① 山内和宏　浜名―リッカー―南海（1980ドラフト①）・ダイエー―中日（90〜92）　投手

実働（12年）326試合97勝111敗1S　投球回1723⅓　防御率4・30　奪三振956

〈タイトル〉最多勝利1回（83）

第三章　私学の躍進

御殿場西　杉本、藤田、サンデー晋吾

1967年（昭和42）学校創立とともに野球部も生まれた。着々と実力を蓄え、昭和50年代には東部の雄として県大会でも上位に顔を出すようになる。甲子園には1度92年（平成4）春の選抜大会に出場している。1回戦で東山（京都）と対戦したが延長十回、3－4で惜しくも敗れた。この試合で宇田川一塁手が二盗、三盗、本盗と史上2人目の1イニング3盗塁を記録した。

プロ野球には3人を送り出している。いずれもチームの主力として実績を残し、今も現役やコーチとして活躍する。

杉本正は大昭和製紙で都市対抗を制覇、最高殊勲選手の橋戸賞を獲得している。80年（昭和55）にドラフト3位で西武に入団。1年目から先発として活躍し7勝。4月7日の対日本ハム戦ではパ・リーグ6人目となる初登板無失点勝利を飾る。82、83年（昭和57、58）は7

勝、12勝を挙げ2年連続日本一に貢献する。85年春、田尾安志とのトレードで中日へ。86、87年に12勝、90年（平成2）今度は山内和宏（浜名高出身）との交換トレードでダイエーへ移籍した。93年（平成5）現役引退。現在はダイエー投手コーチとして王監督を支える。通算81勝90敗。

代打サヨナラ満塁本塁打

藤田浩雅は関東自動車を経て82年（昭和57）ドラフト3位で阪急入り。強打の捕手として期待され、2年目の84年（59）から1軍正捕手の座を獲得する。この年、打率・287、22本塁打69打点で新人王を獲得、ベストナインとゴールデングラブ賞にも輝いた。88年には南海戦で代打サヨナラ満塁本塁打を放っている。89年（昭和64）以降は故障もあって次第に出場が少なくなり、92年（平成4）巨人にトレード。捕手陣の手薄な巨人で活躍が期待されたが、結局は出番少なく96年引退した。04－05年、巨人2軍コーチ。

92年（平成4）春の選抜のエースが**小野晋吾**。93年ドラフト6位でロッテに入団するが、しばらくは芽が出なかった。5年目の97年（平成9）にようやく初登板、99年に初勝利を挙げる。大ブレークしたのが翌00年。チームの大先輩・村田兆治ばりの日曜登板で破竹の9連

第三章　私学の躍進

勝。「サンデー晋吾」と呼ばれ人気者に。この年13勝5敗、勝率・722で最高勝率のタイトルを獲る。04年4月28日のダイエー戦で「1球勝利投手」を記録。昨年05年は4年ぶりの2ケタとなる10勝を挙げ、チームも31年ぶりの日本一に。今年も強力投手陣の一翼を担う。

① 杉本　正　御殿場西―大昭和製紙―西武（1980ドラフト③）―中日（85～90）―ダイエー（90～93）　投手

実働（12年）　298試合81勝90敗2S　投球回1369⅔　防御率3・87　奪三振70

② 藤田浩雅　御殿場西―関東自動車―阪急（1982ドラフト③）・オリックス―巨人（92～96）　捕手

実働（12年）　725試合1865打数439安打　打率・235　本塁打72　打点279　盗塁4

〈表彰〉新人王（84）、ベストナイン1回（84）、ゴールデングラブ賞1回（84）

※③ 小野晋吾　御殿場西―ロッテ（1993ドラフト⑥～）　投手

通算（9年）150試合47勝36敗0S 投球回713⅔ 防御率3・58 奪三振427

〈タイトル〉最高勝率1回（2000）

（※は現役）

沼津学園（現飛龍） 杉山賢人、五輪銅と新人王

 昭和60代から実力を付けはじめ、東部地区の強豪に名乗りを上げる。秋季、春季県大会を制するようになったが、甲子園出場は春・夏通じまだない。
 バルセロナ五輪の銅メダリストが**杉山賢人**。高校時代は好打の外野手。専大時代は武藤潤一郎（ロッテ、吉原商出身）、岡林洋一（ヤクルト）らと同期。大学では目立った成績を残していないが、東芝に入って活躍をみせる。91年（平成3）都市対抗で優勝、新人賞にあたる若獅子賞を獲得した。翌92年（平成4）の五輪では銅メダルに貢献。その年のドラフト1位で西武に入団する。リリーフとして鹿取、潮崎と「サンフレッチェ（3本の矢）」を構成し、1年目から54試合に登板、7勝2敗5セーブ、防御率2・80で新人王を獲得した。そ

第三章　私学の躍進

の風貌から「アンパンマン」のニックネームで人気を集めた。2年目以降、成績は下降線をたどり、99年(平成11)途中で阪神にトレード、翌00年に近鉄、さらに01年横浜に移り、その年限りで引退した。06年(平成18)、東北楽天の投手コーチに就任した。

巨人の本塁を守った**杉山直輝**がプロ第1号。87年(昭和62)入団。95年(平成7)から徐々に出番が増えたが、正捕手を奪うまでには至らなかった。00年引退。02年に台湾でもプレーした。

02年(平成14)阪神に入団した**伊代野貴照**が現役とし頑張っている。2年目の03年に初勝利を挙げたが、ここ2年は1軍登板なし。

① **杉山直輝**　沼津学園―巨人（1987ドラフト⑥〜00）　捕手

実働（10年）272試合523打数110安打　打率・210　本塁打12　打点48　盗塁0

② **杉山賢人**　沼津学園―専大―東芝―西武（1992ドラフト①〜99）―阪神（99）―近鉄（00）―横浜（01）　投手

81

実働（9年）333試合17勝13敗17S　投球回317 $\frac{1}{3}$　防御率3・91　奪三振295

〈表彰〉新人王（93）

※③**伊代野貴照**　沼津学園―ローソン―阪神（2002ドラフト⑩）　投手

通算（1年）6試合1勝1敗0S　投球回4 $\frac{1}{3}$　防御率6・23　奪三振4

（※は現役）

東海大一（現東海大翔洋）　広島代打の切り札・内田

戦後台頭する私学勢の先陣を切ったのが東海大一。1965年（昭和40）夏、公立高の厚い壁を打ち破って、私学初の甲子園出場を決める。しかも県大会決勝で破った相手が県内一の伝統校静岡高。新しい時代への扉を開けた年でもあった。甲子園では1回戦鹿沼農商（栃木）に4―2で快勝したが、2回戦は優勝した三池工（福岡）に猛打を浴び1―11で敗れた。

静高との決勝戦で九回裏サヨナラ・スクイズを決めたのが4番中堅手の**内田順三**。内田は

第三章　私学の躍進

駒大へと進み、1試合3本塁打の記録を残す。69年（昭和44）のドラフト8位でヤクルト入り。75年（昭和50）日本ハムへ、77年には広島に移る。広島では代打の切り札として、この年、中日戦で星野から球団初となる代打サヨナラ本塁打を放つ。79、80年（昭和54、55）2年連続日本一にも貢献した。引退後は巨人、広島のコーチ。今年、原監督復帰とともに巨人打撃コーチに就任した。

鈴木平、中継ぎで存在感

強豪校として力をつけた昭和30年代後半から有力選手が次々出てくる。プロ入り第1号となった**望月喜雄**は63年（昭和38）国鉄入りするが、1軍出場はなし。**後藤和昭**は駒大—日本軽金属から68年（昭和43）ドラフト外で阪神に入団。掛布が登場する前の三塁手で、守備には定評があった。実働8年、596試合に出場し311安打、31本塁打。**望月彦男**は社会人を経て71年（昭和46）西鉄に入る。15試合に登板したが勝ち星はない。

ドラフト1位で81年（昭和56）ロッテに入ったのが**井辺康二**。高3の県大会決勝は掛川西に0—1で敗れ甲子園出場を逃す。東海大では首都大学新記録の19連勝をマークするなど通算22勝3敗。プロ2年目に初勝利を挙げたが、期待されたほどの活躍は出来なかった。実働

9年、10勝12敗。現在ロッテのスカウト。

鈴木平は87年（昭和62）ヤクルトにドラフト3位で入団した。ヤクルトでは通算6年で3勝3敗。95年（平成7）オリックスに移ってから存在感を発揮する。中継ぎとして50試合に登板し2勝4敗3セーブ、翌年は55試合7勝2敗19セーブの好成績で日本一に貢献する。2000年（平成12）中日、02年ダイエーに移籍し03年のその後も40試合以上の登板を続けた。限りで引退した。

東海大一はその後、76年（昭和51）、83年（昭和58）に春夏連続で甲子園出場する。特に83年春はベスト4進出。浜松商以来の決勝進出が期待されたが、横浜商に0—4で涙をのむ。夏は1年生清原、桑田のPL学園に3回戦で敗れた。兄弟校の東海大工との統合で誕生した東海大翔洋が04年（平成）夏に甲子園出場を果たしている。

① 望月喜雄　東海大一—国鉄（1963〜65）　内野手＝公式戦出場なし

② 後藤和昭　東海大一—駒大—日本軽金属—阪神（1968ドラフト外）—日本ハム（7

6）　内野手

第三章　私学の躍進

③ 内田順三　東海大一─駒大─ヤクルト（1969ドラフト⑧）─日本ハム（75）─広島（77～82）　外野手

実働（13年）　950試合1925打数485安打　打率・252　本塁打25　打点182　盗塁39

④ 望月彦男　東海大一─いすゞ自動車─電気化学─西鉄（1971ドラフト⑥～72）　投手

実働（1年）　15試合0勝2敗　投球回14⅓　防御率9・00　奪三振5

⑤ 井辺康二　東海大一─東海大─ロッテ（1981ドラフト①～92）　投手

実働（9年）　168試合10勝12敗4S　投球回347⅓　防御率3・78　奪三振208

⑥ 鈴木平　東海大一─ヤクルト（1987ドラフト③）─オリックス（95）─中日（0
0）─ダイエー（02）　投手

実働（12年）　296試合27勝20敗36S　投球回367　防御率3・11　奪三振293

東海大工（現東海大翔洋） 吉永、一本足で153本塁打

 兄弟校の東海大一と競り合うように実力をつけ、1972年（昭和47）夏に初めて甲子園の土を踏む。1回戦糸魚川商工（新潟）、2回戦秋田市立と猛打を浴びせ初陣ベスト8進出は見事だった。春の選抜大会は81年（昭和56）に初出場する。1回戦高知商を4—1で破り、2回戦はこの大会で優勝を飾るPL学園と対戦した。成田仁弘と西川佳明（のち法大—南海—ダイエー—阪神）の息詰まる投手戦は0—1、PL吉村禎章（のち巨人）の大会通算200号となる決勝本塁打で決着がついた。

 プロ入り第1号は**青山道雄**。東海大—プリンスホテルを経て83年（昭和58）西武入り。90年（平成2）大洋に移籍し92年引退した。実働6年、わずか19安打3本塁打だが、現役最後の年の巨人戦で代打満塁本塁打を放っている。現在、横浜2軍守備走塁コーチ。

 強打の捕手・**吉永幸一郎**は大阪出身。87年（昭和62）ドラフト5位でダイエー入団。その長打力はチームの大先輩「門田2世」と期待され、1本足打法で広い福岡ドームでも本塁打

第三章　私学の躍進

を量産した。チーム通算5000号、6000号本塁打も放っている（第1号は静岡中出身の鈴木芳太郎）。常に2ケタ本塁打と・280以上の打率をマーク、97年（平成9）年には打率・300、29本塁打と自己最高の成績を残す。その後、城島らの台頭もあって指名打者や一塁を守ることが多くなり、さらに一塁も松中に明け渡すようになる。99年（平成11）福岡ダイエー初の日本一や翌年のリーグ連覇に貢献した。01年（平成13）に巨人移籍したが、あまり活躍の機会はなく03年引退した。

"ひげ魔神"　3連戦3連勝

"大魔神"佐々木への中継ぎとして活躍したのが、"ひげ魔神"五十嵐英樹。三菱重工神戸から92年（平成4）ドラフト3位で横浜入り。96年（平成8）広島戦では3連戦すべてに登板し、24年ぶり史上6人目の同一カード3連勝の記録を残す。98年（平成10）の日本一にも貢献した。故障もあり01年（平成13）引退。通算31勝28敗9S。

森中聖雄は東海大に進み1試合19奪三振の首都大学記録を持つ。1996年（平成8）アトランタ五輪メンバーに選ばれ銀メダル。その年のドラフト2位で、先輩・五十嵐のいる横浜に入団する。00年（平成12）5月25日の巨人戦で史上10人目となる「1球勝利投手」を記

87

録した。通算17勝15敗4S。

① **青山道雄** 東海大工―東海大―プリンスホテル―西武（1983ドラフト③）―大洋（9
0〜92） 外野手
実働（6年） 140試合123打数19安打 打率・154 本塁打3 打点15 盗塁3

② **吉永幸一郎** 東海大工―ダイエー（1987ドラフト⑤）―巨人（01〜03） 捕手、
内野手
実働（14年） 1250試合3797打数1057安打 打率・278 本塁打153 打
点505 盗塁4

〈表彰〉ベストナイン2回（捕手94、96）

③ **五十嵐英樹** 東海大工―三菱重工神戸―横浜（1992ドラフト③〜01） 投手
実働（8年） 245試合31勝28敗9S 投球回431 防御率4・13 奪三振302

④ **森中聖雄** 東海大工―東海大―横浜（1996ドラフト②〜03） 投手
実働（7年） 189試合17勝15敗4S 投球回244⅔ 防御率3・97 奪三振193

第三章　私学の躍進

自動車工（現静岡北）　兆治の女房役袴田、背番号0長嶋

大学では"怪物"江川（のち巨人）、プロでは"マサカリ"村田兆治の女房役を務めたのが**袴田英利**。高校3年夏は甲子園目前の県大会決勝で敗れる。相手は植松（のち阪神）らの強力打線でこの年甲子園準優勝した静岡高だった。ドラフトのロッテ3位指名を蹴って法大に進む。同期には江川、植松をはじめ佃、楠本、金光（以上広島商）、島本（箕島）ら甲子園のスターがズラリ。捕手のポジションにも水野（静岡）、木原（別府大付）らがいたが、これらのライバルを蹴落とし江川とバッテリーを組み4季連続優勝、黄金時代を築く。77年（昭和52）ドラフトで再びロッテに1位指名され入団。現在はロッテのバッテリー・コーチ。

日本シリーズMVP

長嶋清幸といえば元祖「背番号0」。170センチの小さな体ながら闘志あふれるプレーが売り物だった。79年（昭和54）ドラフト外で広島入団。勝負強い打撃と堅実な守備で頭角

を現す。83年（昭和58）にはレギュラー定着、130試合に出場し打率・295、13本塁打の好成績を残す。ゴールデングラブ賞もこの年から通算4回受賞している。84年（昭和59）には2試合連続でサヨナラ本塁打。この年の日本シリーズは27打数9安打、打率・333、3本塁打10打点で最高殊勲選手に輝いた。91年（平成2）中日、93年ロッテ移籍。94年阪神に移ってからは代打の切り札として活躍した。97年限りで引退。実働18年、1091安打、107本塁打。阪神でコーチを務め、現在は中日コーチ。

① 袴田英利　自動車工―法政大―ロッテ（1977ドラフト①〜90）　捕手
実働（13年）　911試合2247打数519安打　打率・231　本塁打38　打点231　盗塁9

② 長嶋清幸　自動車工―広島（1979ドラフト外）―中日（91）―ロッテ（93）―阪神（94〜97）　外野手
実働（18年）　1477試合4031打数1091安打　打率・271　本塁打107　打点448　盗塁94

〈表彰〉ゴールデングラブ賞4回（83〜84、86〜87）　日本シリーズ最高殊勲選手1回（84）

静清工　05年夏、悲願の甲子園出場

県中部の強豪校として甲子園を目前に、県大会決勝で過去2度（85、92年）涙をのんでいたが、05年（平成17）夏、創部60年目でようやく甲子園初出場を決めた。1回戦は江の川（島根）を8−5で下したが、2回戦で宇部商（山口）に0−4で敗れた。

プロ第1号は1960年（昭和35）の**斎藤達男**。広島、大毎に4年間在籍し98試合に出場した。続いて**宮川一彦**が東北福祉大から90年（平成2）にドラフト2位で大洋入りする。東京出身。大学では1年春からレギュラー、日米大学野球にも選ばれた。実働8年、99試合33安打2本塁打。大魔神・佐々木主浩は大学、横浜の1年先輩。オリックスの**庄司大介**は00年（平成12）の入団。通算2年で2試合に出場した。

① 斎藤達男（達雄）　静清工―PL教団―広島（1960）―大毎（63）　内野手

実働（4年）98試合117打数24安打　打率・205　本塁打2　打点14　盗塁2

② 宮川一彦　静清工―東北福祉大―大洋（90ドラフト②）・横浜（～99）　内野手

実働（6年）99試合152打数33安打　打率・217　本塁打2　打点11　盗塁0

③ 庄司大介　静清工―国士舘大―河合楽器―オリックス（2000ドラフト⑨～02）　外野手

実働（2年）2試合3打数0安打　打率・000　本塁打0　打点0　盗塁0

常葉菊川　門奈、ゴジラに続く巨人2位

平成に入ってからは県大会ベスト8以上の常連、県内屈指の強豪となった。甲子園には春・夏1回ずつ出場。夏は96年（平成8）初戦で明徳義塾（高知）に大敗。春は04年（平成）1回戦の八幡商（滋賀）戦は1点リードされた9回2死満塁から3点を入れ逆転したが、その裏ひっくり返されサヨナラ負け。初勝利はお預けとなった。

第三章　私学の躍進

強豪校に名を連ねるきっかけになったのが**門奈哲寛**。高3夏は同校初のベスト8。日大へ進み1試合18奪三振の東都大学記録を持つ。92年（平成4）ドラフト2位で巨人入団。1位はご存知ゴジラ〝松井秀喜〟（現NYヤンキース）だった。1年目33試合に登板し1勝2敗、防御率2・70。しかし、2年目以降は出番が極端に減り、97年からは2軍暮らし。99年引退。

①**門奈哲寛**　常葉菊川―日大―巨人（1992ドラフト②〜99）　投手
通算（3年）44試合1勝3敗0S　投球回82⅔　防御率3・38　奪三振73

興誠　伊藤、最高勝率と沢村賞

戦後1946（昭和21）創部。夏の県大会は95年（平成7）から4年連続ベスト4。95、97年は決勝で敗れ甲子園を逃していたが、ようやく02年（平成14）初出場をつかんだ。2回戦から登場した興誠は日章学園（宮崎）と対戦、激しい打撃戦を制して9―8で初陣を飾っ

た。3回戦は遊学館(石川)に4−8と逆転負けした。

プロ選手はセ・パ2リーグに分かれた50年(昭和25)、新球団の大洋に入った川口芳弘、川瀬宏之のバッテリーが最初。川口は3年在籍し11試合に登板し0勝1敗。川瀬は1年だけで2打数0安打。56年(昭和31)高橋に入った倉橋孝治も出場することなく1年で退団した。巨人でエース級の活躍をみせたのが伊藤芳明。中大では通算21勝。日本生命を経て59年(昭和34)巨人入り。新人としては異例の開幕戦先発を果たしている。3年目の61年(昭和36)は13勝6敗、勝率・684で最高勝率のタイトルを獲得。63年(昭和38)には19勝8敗、防御率1・90の好成績で沢村賞に輝く。66年(昭和41)東映移籍したが5勝を挙げただけ。69年引退。その後長く巨人のスカウトを務めた。

甲子園目前の県大会決勝で涙をのんだ林昌樹と小田智之の同期生2人が97年(平成9)プロ入りする。林はドラフト3位で広島へ。03年(平成15)、史上3人目となる「1球プロ初勝利」を飾る。04年は47試合(1勝1敗1セーブ)に登板したが、昨季は5試合にとどまる。小田はドラフト2位で日本ハムへ。7年目04年(平成16)にようやくブレイク。77試合に出場し打率・322、8本塁打をマーク。昨年は99試合と出場は増えたが打率は・266と苦戦した。

第三章　私学の躍進

▶伊藤芳明（興誠、巨人―東映）

① 川口芳弘　興誠―小口工作所―大洋（1950～5２）　投手

実働（２年）11試合０勝１敗　投球回20　防御率９・45　奪三振６

② 川瀬宏之　興誠―小口工作所―大洋（1950）　捕手

実働（１年）２試合２打数０安打　打率・000　本塁打０　打点０　盗塁０

③ 倉橋孝治　興誠―高橋（1956）　捕手＝公式戦出場なし

④ 伊藤芳明　興誠―中大―日本生命―巨人（1959）―東映（66～69）　投手

実働（11年）411試合71勝63敗　投球回1443 1/3

防御率2・87　奪三振1093
〈タイトル〉最高勝率1回（61）
〈表彰〉沢村賞1回（63）

※⑤林　昌樹　興誠―広島（1997ドラフト③～）　投手
通算（5年）67試合2勝1敗1S　投球回70　防御率4・37　奪三振51

※⑥小田智之　興誠―日本ハム（1997ドラフト②～）内野手
通算（5年）193試合510打数145安打　打率・284　本塁打13　打点59　盗塁5

（※は現役）

浜松日体　皆川、東映で新人王

皆川康夫は中大では1年下に杉田久雄（浜松商出身）がいたため4年まで出番に恵まれず富士重工を経て70年（昭和45）東映入りして花開く。11勝14敗、防御率3・通算0勝3敗。

第三章　私学の躍進

44で新人王獲得。しかし翌年からは勝ち星があがらず、リリーフに回って74年（昭和49）4勝3敗1セーブ、75年は8勝6敗10セーブと好成績を残す。77年広島に移籍、79年引退した。父親の定之（群馬・桐生中出）氏も阪神・東急などの遊撃手として活躍、日本楽器でもプレーした。

① **皆川康夫**　浜松日体―中大―富士重工―東映（1970ドラフト⑤）・日拓・日本ハム―広島（77〜79）　投手

実働（6年）173試合26勝28敗12S　投球回466?　防御率3・46　奪三振206

〈表彰〉新人王（71）

第四章　無限の挑戦

〈東部地区〉

伊東

① **広田　勇**　伊東―大映（1957）　投手
実働（1年）　4試合0勝1敗　投球回8　防御率10・13　奪三振6

伊東城ヶ崎（現伊東高城ヶ崎分校）

① **萩原多賀彦**　伊東城ヶ崎―専大―JR東日本―ヤクルト（01⑥～05）　投手
実働（1年）　8試合0勝2敗　投球回14⅓　防御率5・02　奪三振12

下田北

① 石田卓司　下田北―サンケイ（1965）　投手＝公式戦出場なし

三島南

① 山口春光　三島南―中日（1964～65）　内野手＝公式戦出場なし

日大三島

① 三枝規悦　日大三島―金指造船―大昭和製紙―阪急（1976ドラフト外）―中日（80～82）　投手

実働（4年）57試合9勝5敗0S　投球回178 1/3　防御率4・15　奪三振66

9勝はすべて阪急時代。中継ぎとして活躍した。

第四章　無限の挑戦

三島

①**大隅正人**　三島―サッポロビール―巨人（1967ドラフト③）―中日（71）―阪急（7
7～81）　投手、内野手
実働（2年）　3試合0勝0敗　投球回2⅔　防御率24・00　奪三振1
実働（12年）　388試合227打数41安打　打率・181　本塁打2　打点21　盗塁0

投手としてドラフト3位で巨人に入ったが、在籍3年間に1軍登板はなし。中日時代の71年に1試合、阪急時代の77年に2試合マウンドに上がっている。打撃を生かし主に一塁手として出場した。

修善寺工

①**竹本由紀夫**　修善寺工―新日鉄室蘭―ヤクルト（1980ドラフト①～84）　投手

実働（4年）37試合0勝5敗0S　投球回72 2/3　防御率4・71　奪三振52

1979（昭和54）ロッテの1位指名を拒否、翌80年再び1位指名でヤクルト入り。即戦力として期待されたもののプロの壁は厚く、4年在籍し0勝5敗。

裾野

①田辺　学　裾野―東京ガス―大洋（1987⑥）・横浜（～97）　投手

実働（8年）185試合20勝33敗1S　投球回578　防御率4・08　奪三振419

貴重な左の先発として91年（平成3）6勝、92年4勝を挙げる。大矢監督就任の96年からリリーフに回る。48年ぶり日本一（98年）の前年に引退。

沼津商

① 川島 登　沼津商―大洋（1958）　外野手＝公式戦出場なし

沼津市立

① 安藤治久　沼津市立―大昭和製紙―阪急（1959〜65）　投手

実働（6年）229試合39勝54敗　投球回834　防御率3・55　奪三振456

弱小チームにあって、米田哲也、梶本隆夫に続く先発陣の1人としてコンスタントに6―9勝を挙げ通算39勝。球足は重く、大昭和時代からタフで鳴らした。

吉原工

① **井上圭一** 吉原工―三菱自動車川崎―ロッテ（1971ドラフト①～74）―阪神（7～5） 投手

実働（1年） 4試合0勝0敗 投球回4⅔ 防御率0.00 奪三振1

1970年（昭和45）東映の2位指名を拒否、71年のドラフト1位でロッテ入り。故障から期待通りの活躍は出来なかった。

星陵

① **斉藤 肇** 星陵―大洋（1991ドラフト④～00） 投手＝公式戦出場なし

イースタンでは207試合に登板したが、とうとう1軍の出番はなかった。01年台湾でプ

第四章　無限の挑戦

富士宮西

①佐藤秀樹　富士宮西―三菱重工横浜―中日（1992ドラフト①）―西武（99）―ヤクルト（03～04）　投手

実働（8年）　145試合22勝25敗1S　投球回458⅓　防御率4・61　奪三振326

1988年（昭和63）夏、県大会決勝で浜松商と延長十三回、静岡県高校野球史に残る死闘を演じた。延長十一回1点リードするも追いつかれ、十三回自らの本塁打で再び1点リードしたが逆転サヨナラ負け、甲子園出場を逃す。前年87年選抜に初出場したが、初戦で市岡（大阪）に3―4で惜敗した。三菱重工横浜から92年（平成4）ドラフト1位で中日入り。2年目の9勝を最高に入団4年間で17勝を挙げたが、97年は登板数も6試合に減って0勝。99年（平成11）に西武に移籍したが、ここでも2年間0勝。03年（平成15）ヤクルトの移籍テストに合格して5勝を挙げ復活をアピールしたが、04年は1軍で投げることなく、この年限りで引退。

〈中部地区〉

静岡工

① 山本光一　静岡工―東急（1952）　投手

実働（1年）　15試合0勝1敗　投球回28⅓　防御率6・52　奪三振10

1年だけ在籍し、15試合に投げたが勝ち星はなし。

静岡市立

① 長坂　衛　静岡市立―明治座―西鉄（1954〜57）　投手

実働（4年）　36試合1勝4敗　投球回77⅔　防御率4・15　奪三振24

第四章　無限の挑戦

2年目の55年（昭和30）に21試合に登板し、唯一の勝利を挙げる。

② **里見祐輔**　静岡市立―ロッテ（1987ドラフト②〜91）　投手
実働（2年）　2試合0勝1敗　投球回3　防御率3・00　奪三振2

伊良部秀輝に次ぐ2位指名でロッテ入り。1軍のマウンドは2、3年目にそれぞれ1試合。

静岡市商

① **竹下　潤**　静岡市商―駒大―西武（1991ドラフト①〜03）　投手
実働（11年）　162試合12勝12敗1S　投球回288　防御率4・13　奪三振269

貴重な左腕として期待は大きかったが、毎年1―3勝で、1軍先発陣に定着することはなかった

静岡学園

① 浮島徹士　静岡学園―神奈川大短大―ロッテ（1990ドラフト外〜93）　内野手＝公式戦出場なし

② 沢本正樹　静岡学園―大洋（1979ドラフト外〜80）　内野手＝公式戦出場なし

焼津水産

① 望月　守　焼津水産―大洋（74―76）　捕手＝公式戦出場なし

藤枝東（志太）

① 寺川昭二　志太―東急（1950）・東映（54〜56）　投手

第四章　無限の挑戦

実働（7年）185試合21勝33敗　投球回623　防御率3・87　奪三振178

サッカーの藤枝東から初のプロ野球選手。戦後志太高といった頃卒業。先発3本柱の1人として活躍した時期もあった。在籍7年で21勝を挙げる。

② **藪崎博志**　藤枝東―毎日（1955）―大映（56）　投手

実働（2年）23試合0勝3敗　投球回42⅔　防御率3・14　奪三振21

2年目には19試合（うち先発8）に登板したが、勝ち星なく3敗。

藤枝農（現藤枝北）

① 山田正陽　藤枝農―南海（1961〜63）　投手＝公式戦出場なし

藤枝明誠

① **石井伸幸** 藤枝明誠—西武（1992ドラフト⑦） 投手＝公式戦出場なし

92年（平成4）ドラフト7位で西武入り。同期に1位指名の杉山賢人（沼津学園出身）がいる。

島田

① **田村 勤** 島田—駒大—本田技研和光—阪神（1990ドラフト④）—オリックス（01〜02） 投手

実働（9年）287試合13勝12敗54S 投球回257⅔ 防御率2・90 奪三振260

90年代前半、阪神のストッパーとして"記憶に残る"大活躍をみせた。高校時代は夏の県大会8強。駒大4年の時サイドスローに転向。本田技研和光を経て1990年（平成2年）

第四章　無限の挑戦

ドラフト4位で入団。1年目から中継ぎ・抑えとしてフル回転、50試合に登板し3勝3敗4セーブ、防御率3・77。度胸満点のマウンドさばき、切れの良いストレートで三振も57個奪う。さらに翌92年（平成4）は5勝1敗14セーブ、防御率はなんと1・10。93年も1勝1敗22セーブ、防御率2・50。しかし、次第に肩、ひじ痛に悩まされるようになり96年は0セーブ。97年は9セーブを挙げたが、中継ぎとしての出番が多くなった。99年は野村監督により、松井秀喜（当時巨人）のワンポイントで起用される。01年（平成13）オリックスに移ったが、全盛期のキレは戻らなかった。02年最終戦となる日本ハム戦でプロ初めての先発、先頭打者を三振にとって12年間の現役生活を終えた。

川根

①山本勝則

川根―西武（1986ドラフト④〜94）　投手

実働（1年）　3試合0勝0敗0S　投球回5⅔　防御率12・71　奪三振5

1軍登板は92年（平成4）の3試合。5回⅔を投げ被安打9、被本塁打2。

〈西部地区〉

池新田

① **長尾　旬**　池新田―東洋レーヨン―阪神（1954）―近鉄（56～57）　投手

実働（3年）　17試合3勝1敗　投球回31　防御率2・61　奪三振32

阪神テスト生から54年（昭和29）入団。阪神では55年に2軍の防御率1位となったが、1軍での登板は1試合のみ（1敗）。56年近鉄に移り通算3勝を挙げた。

② **佐藤康幸**　池新田―帝京大―河合楽器―中日（1996ドラフト⑥）―広島（01）　投手

通算（4年）37試合2勝3敗0S　投球回40⅓　防御率4・69　奪三振28

第四章　無限の挑戦

左の中継ぎとして期待され2年目は20試合に登板し2勝3敗。01年広島に移籍したが1試合に投げただけで引退した。

小笠

① 山崎貴弘　小笠―ヤクルト（1996年ドラフト③）―ロッテ（01〜03）　投手　実働（2年）17試合1勝0敗0S　投球回14⅔　防御率11・66　奪三振8

プロ7年でわずか1勝、が記録に残る「1勝」となった。ロッテに移った01年（平成13）5月29日ダイエー戦、8回表1死一塁の場面に登板し初球で松中を併殺に討ち取り、その裏味方が勝ち越したため、史上初の「1球プロ初勝利」が転がり込んだ。

袋井商

① **海野尚武** 袋井商―東映（1954〜57） 投手

実働（4年） 89試合8勝27敗 投球回321 防御率3・59 奪三振163

1―3年目で88試合に投げ、8勝を挙げた。

磐田南

① **後藤 修** 磐田南―松竹（1952）・大洋松竹―東映（55）―大映（56）―巨人（57）―近鉄（59）―南海（61）―西鉄（63） 投手

実働（9年） 169試合18勝31敗 投球回455⅓ 防御率3・81 奪三振332

12年の現役生活で7球団を渡り歩き「ジプシー後藤」の異名を取った。7球団在籍はプロ

第四章　無限の挑戦

野球記録。チームが変わるたびに背番号も変わり「9種類」も最多。首になってはテスト入団の繰り返しで12年も長持ちしたのだから驚く。めっぽう速かったが、制球難。打者泣かせの荒れ球でも名高い。通算18勝31敗。引退後はゴルフ評論家としてジャンボ尾崎や中嶋常幸を復活、賞金王にさせたことでも有名。

国際開洋一

① **市場孝之**　国際開洋一─ロッテ（1992～93）　内野手＝公式戦出場なし

和歌山県出身。中学卒業後、大相撲に入門するが廃業し、国際開洋一に入学。ロッテの練習生を経て選手となったが、1軍に上がることはなかった。

周智

① **田中一夫**　周智─中日（1952）　投手＝公式戦出場なし

春野

① 富永　旭　　春野—ロッテ（2001ドラフト⑥〜05）＝公式戦出場なし

浜松西

① 山口富康　　浜松西—中日（1956〜57）　内野手＝公式戦出場なし

引佐

① 白柳和吉　　引佐—林建設—大洋（1972〜74）　投手＝公式戦出場なし

三ヶ日

① 河合静夫　三ヶ日―川島紡績―中日（1955）　捕手　実働（1年）1試合、打数なし

② 夏目隆司　三ヶ日―矢崎部品―阪急（77〜81）　投手＝公式戦出場なし

第五章　番外編

加藤、2千本安打で名球会

加藤英司（秀司）　榛原川崎中―PL学園―松下電器―阪急（1968ドラフト②）―広島（83）―近鉄（84）―巨人（86）―南海（87）

実働（19年）2028試合6914打数2055安打　打率・297　本塁打347　打点1268　盗塁136

〈タイトル〉首位打者2回（73、79）　最多安打1回（79）　打点王3回（75、76、79）

最高出塁率3回（76、77、79）

〈表彰〉最優秀選手1回（75）　ベストナイン（73、75〜77、79）　ゴールデングラブ賞3回（75〜77）

　抜群の打撃センスで首位打者など数々のタイトルを獲得、阪急の黄金時代を築いた**加藤英**

司は川崎町（現牧之原市）の出身。川崎中（現榛原中）から大阪のPL学園に進んだ。まだ全国の強豪になる前だが、65、66年（昭和40、41）春の選抜大会に出場した。東映のドラフト指名を蹴って松下電器に入る。67年（昭和42）南海から指名されたが再び拒否、翌68年に阪急2位指名を受け入団。1位指名が通算284勝の山田久志、7位指名が通算106勝の福本豊。この3人がやがて黄金期をつくっていく。

3年目の71年（昭和46）レギュラーに定着すると、この年打率・321、25本塁打。73年に打率・337で初の首位打者を獲得。75年（昭和50）は打率・309（3位）、32本塁打（2位）、97打点（1位）の好成績を残し、パ・リーグMVPに輝く。76年は82打点で2年連続の打点王。79年（昭和54）は打率・364、35本塁打、104打点の自己最高成績を挙げ、打率・打点の2冠。163安打で最多安打も獲得。本塁打はマニエル（近鉄）に2本差で、惜しくも3冠王は逃した。

この間71～72年、75～78年の6度リーグ制覇、75～77年は3年連続で日本一に輝いた。

83年（昭和58）、水谷実雄との大型トレードで広島へ。しかし、肝炎のため打率・261、10本塁打と低迷し1年限りで近鉄に移籍した。さらに86年（昭和61）に巨人に移ったものの、原、中畑、篠塚らのスター揃いの中で活躍の場は少なく、目前に迫っていた通算2000本

第五章　番外編

▶加藤英司（榛原川崎中、阪急―広島―近鉄―巨人―南海）

安打を達成することなく1年で去る。87年（昭和62）5球団目の南海に移った加藤は、5月7日の阪急戦で右中間本塁打して史上23人目の通算2000本安打を達成。しかも相手は阪急黄金時代のチームメート山田久志だった。

数々の記録を数えあげるときりがないが、犠牲フライ王に6度輝いている。通算犠飛は105。これは王貞治を上回り野村克也の113に次ぐ歴代2位。また、72年7月28日から8月2日にかけて、日本記録となる6試合連続の二塁打を記録している。84年（昭和59）6月9日の南海戦では逆転サヨナラ満塁本塁打。最高出塁率3回、ベストナイン5回、ゴールデングラブ賞3回。オールスターには13回選ばれ、初出場の71年（昭和46）第1戦は代打で起用され、江夏（阪神）9連続三振の最終9人目の打者に。名誉挽回とばかり第3

戦では最優秀選手になった。加藤は同期・山田から打った2000本安打を置き土産に87年限りで19年間の現役生活を終えた。95〜97年日本ハムでコーチ、05年にサーパス神戸の監督も務めた。

鈴木尚、2年連続の首位打者

※**鈴木尚典** 浜松南陽中—横浜高—大洋（90年ドラフト④〜）・横浜　外野手

通算（14年）1312試合4434打数1362安打　打率・307　139本塁打　666打点　盗塁61

〈タイトル〉首位打者2回（97〜98）

〈表彰〉ベストナイン2回（97〜98）　日本シリーズ最高殊勲選手1回（98）

首位打者2回、日本シリーズMVPの鈴木尚典は浜松市出身。中学ではシニアリーグに所属、高校は神奈川・横浜高に進む。1年生から4番を打ち、2年夏に甲子園出場。打撃セン

第五章　番外編

スと長打力を買われ90年（平成2）ドラフト4位で横浜大洋入団。94年（平成6）8月9日の巨人戦で槙原から打ったプロ初本塁打が代打満塁弾。95年（平成7）レギュラーに定着すると、この年打率・283、14本塁打。97年（平成9）は打率・335で初の首位打者に輝く。翌98年も打率・337で2年連続のタイトル獲得。38年ぶりのリーグ制覇に大きく貢献した。日本シリーズでも25打数12安打、打率・480、1本塁打、8打点の大活躍でMVP。99年は打率・328（3位）と3年連続は逃したが、打点は自己最高の92をマークした。00、01年（平成12、13）は4番を任される重圧からか打撃を崩し、本塁打は6本、9本と激減する。03年に打率・311、19本塁打と復活をみせたが、04年は極度のスランプに陥り、外野の定位置も奪われる。05年も代打生活が続き79打数17安打で本塁打ゼロ。ここ2年、若手に追われ苦しいシーズンが続く。通算打率・307は現役最高。

※後藤武敏　浜松曳馬中―横浜―法大―西武（2002自由枠〜）　内野手

通算（3年）　150試合338打数83安打　打率・246　11本塁打　51打点　1盗塁

（※は現役）

後藤も鈴木尚典と同じ浜松シニア育ち。横浜高では松坂大輔（西武）とともに4番打者として98年（平成10）春・夏の甲子園連覇。さらに国体も制覇した。大学では2年春に史上最速の3冠王。秋も打率、打点の2冠。02年（平成14）ドラフト自由獲得枠で同期・松坂のいる西武へ入団。開幕戦、カブレラ欠場の緊急事態に、いきなり4番の大抜擢。この年101試合に出場し252打数66安打、打率・262、11本塁打、44打点と期待通りの活躍をみせた。06年は1軍定着へ奮起が望まれる。しかし04、05年はそれぞれ24、25試合の出場にとどまる。

安居（玉置）玉一 浜松北小―東邦商―阪神（1942〜43、47〜50）―大洋（51〜52）―国鉄（53〜54）―近鉄（55）―大映（56〜57） 投手、内・外野手

実働（1年） 10試合1勝3敗 投球回47 1/3 防御率2・06 奪三振13

実働（13年） 1392試合4854打数1298安打 打率・267 本塁打70 打点569 盗塁116

第五章　番外編

戦前、学童野球が強かった浜松や掛川から多くの選手が愛知、岐阜の強豪校にスカウトされた。安居もその1人。東邦商へ進み41年（昭和16）戦前最後の甲子園となった選抜大会で優勝する。42年阪神入団。投手は最初の1年だけで、あとは主に一塁、外野手。戦争をはさみ57年（昭和32）まで5球団を渡り歩いた。

中山武　掛川小―享栄商―巨人（1936、38〜39）　捕手
実働（3年）　36試合95打数23安打　打率・242　本塁打0　打点8　盗塁2

大投手・沢村栄治やスタルヒンの球を受けた。

片山栄次　静岡安西小―全静岡―大東京（1936）―大和（1943）　投手
実働（1年）　43試合12勝19敗　投球回285 $\frac{2}{3}$　防御率2・17　奪三振52

大石綱　全静岡―イーグルス（1937）―黒鷲（40）　投手
実働（1年）　5試合0勝3敗　投球回21 $\frac{2}{3}$　防御率7・89　奪三振7

★投手部門ベスト15

【勝利数】

	選手名	主な所属	出身校	勝
①	加藤　　初	(巨人)	吉原商	141
②	大石　　清	(広島)	清水商	134
③	渡辺　秀武	(巨人)	富　士	118
④	新浦　寿夫	(巨人)	静岡商	116
⑤	稲葉　光雄	(中日)	清水工	104
⑥	池谷公二郎	(広島)	静岡商	103
⑦	山内　和宏	(南海)	浜　名	97
⑧	杉本　　正	(西武)	御殿場西	81
⑨	伊藤　芳明	(巨人)	興　誠	71
⑩	赤堀　元之	(近鉄)	静　岡	58
⑪	田所善治郎	(国鉄)	静岡商	56
⑫	小野　晋吾※	(ロッテ)	御殿場西	47
⑬	杉山　知隆	(大洋)	清水商	40
⑭	安藤　治久	(阪急)	沼津市立	39
⑮	村松　幸雄	(名古屋)	掛川中	38

【奪三振】

	選手名	主な所属	出身校	個
①	新浦　寿夫	(巨人)	静岡商	1706
②	加藤　　初	(巨人)	吉原商	1500
③	大石　　清	(広島)	清水商	1381
④	伊藤　芳明	(巨人)	興　誠	1093
⑤	池谷公二郎	(広島)	静岡商	1056
⑥	渡辺　秀武	(巨人)	富　士	1041
⑦	山内　和宏	(南海)	浜　名	956
⑧	稲葉　光雄	(中日)	清水工	837
⑨	杉本　　正	(西武)	御殿場西	704
⑩	田所善治郎	(国鉄)	静岡商	647
⑪	赤堀　元之	(近鉄)	静　岡	587
⑫	杉山　知隆	(大洋)	清水商	529
⑬	安藤　治久	(阪急)	沼津市立	456
⑭	小野　晋吾※	(ロッテ)	御殿場西	424
⑮	武藤潤一郎	(ロッテ)	吉原商	420

※は現役

記録編

★投手部門ベスト15

【セーブ】

	選手名	主な所属	出身校	個
①	赤堀　元之	(近鉄)	静　岡	139
②	田村　　勤	(阪神)	島　田	54
③	新浦　寿夫	(巨人)	静岡商	39
④	鈴木　　平	(オリックス)	東海大一	36
⑤	加藤　　初	(巨人)	吉原商	22
⑥	杉山　賢人	(西武)	沼津学園	17
⑦	皆川　康夫	(日本ハム)	浜松日体	12
⑧	池谷公二郎	(広島)	静岡商	10
⑨	五十嵐英樹	(横浜)	東海大工	9
⑩	渡辺　秀武	(巨人)	富　士	8

【防御率】

	選手名	主な所属	出身校	率
①	伊藤　芳明	(巨人)	興　誠	2.87
②	大石　　清	(広島)	清水商	3.00
③	田所善治郎	(国鉄)	静岡商	3.20
④	渡辺　秀武	(巨人)	富　士	3.35
⑤	稲葉　光雄	(中日)	清水工	3.44
⑥	新浦　寿夫	(巨人)	静岡商	3.45
⑦	加藤　　初	(巨人)	吉原商	3.50
⑧	杉本　　正	(西武)	御殿場西	3.87
⑨	池谷公二郎	(広島)	静岡商	4.13
⑩	山内　和宏	(南海)	浜　名	4.30

(投球回数1000以上)

村松　幸雄	(名古屋)	掛川中	1.26
高橋　　敏	(阪急)	島田商	2.07
赤堀　元之	(近鉄)	静　岡	2.83
田村　　勤	(阪神)	島　田	2.90
鈴木　　平	(オリックス)	東海大一	3.11

(投球回数999以下)

★投手部門ベスト15

【投球回】
	選手名	主な所属	出身校	回
①	加藤　初	(巨人)	吉原商	2250
②	新浦　寿夫	(巨人)	静岡商	2158⅔
③	大石　清	(広島)	清水商	2157⅓
④	渡辺　秀武	(巨人)	富士	2083⅔
⑤	山内　和宏	(南海)	浜名	1723⅓
⑥	稲葉　光雄	(中日)	清水工	1655⅔
⑦	池谷公二郎	(広島)	静岡商	1622⅓
⑧	伊藤　芳明	(巨人)	興誠	1443⅓
⑨	杉本　正	(西武)	御殿場西	1369⅔
⑩	田所善治郎	(国鉄)	静岡商	1361⅓
⑪	安藤　治久	(阪急)	沼津市立	834
⑫	赤堀　元之	(近鉄)	静岡	791⅔
⑬	杉山　知隆	(大洋)	清水商	740⅓
⑭	小野　晋吾※	(ロッテ)	御殿場西	713⅔
⑮	田辺　学	(大洋)	裾野	578

【登板数】
	選手名	主な所属	出身校	試合
①	渡辺　秀武	(巨人)	富士	606
②	新浦　寿夫	(巨人)	静岡商	592
③	大石　清	(広島)	清水商	516
④	加藤　初	(巨人)	吉原商	490
⑤	伊藤　芳明	(巨人)	興誠	411
⑥	田所善治郎	(国鉄)	静岡商	391
⑦	赤堀　元之	(近鉄)	静岡	376
⑧	杉山　賢人	(西武)	沼津学園	333
⑨	稲葉　光雄	(中日)	清水商	331
⑩	山内　和宏	(南海)	浜名	326
⑪	池谷公二郎	(広島)	静岡商	325
⑫	杉本　正	(西武)	御殿場西	298
⑬	鈴木　平	(オリックス)	東海大一	296
⑭	田村　勤	(阪神)	島田	287
⑮	五十嵐英樹	(横浜)	東海大工	245

※は現役

記録編

★打撃部門ベスト15

【安打】

	選手名	主な所属	出身校	本
①	加藤　英司	(阪急)	榛原川崎中	2055
②	大石大二郎	(近鉄)	静岡商	1824
③	山下　大輔	(大洋)	清水東	1378
④	鈴木　尚典※	(横浜)	浜松南陽中	1362
⑤	杉山　光平	(南海)	静岡商	1305
⑥	安居　玉一	(阪神)	浜松北小	1298
⑦	船田　和英	(ヤクルト)	浜松商	1281
⑧	長嶋　清幸	(広島)	自動車工	1091
⑨	吉永幸一郎	(ダイエー)	東海大工	1057
⑩	小池　兼司	(南海)	浜松商	1003
⑪	興津　立雄	(広島)	静岡商	998
⑫	長持　栄吉	(広島)	島田商	942
⑬	種茂　雅之	(東映)	静　岡	736
⑭	小田　義人	(日本ハム)	静　岡	610
⑮	久保寺雄二	(南海)	静岡商	602

【打率】

	選手名	主な所属	出身校	率
①	鈴木　尚典※	(横浜)	浜松南陽中	0.307
②	加藤　英司	(阪急)	榛原川崎中	0.297
③	杉山　光平	(南海)	静岡商	0.279
④	吉永幸一郎	(ダイエー)	東海大工	0.278
⑤	大石大二郎	(近鉄)	静岡商	0.274
⑥	長嶋　清幸	(広島)	自動車工	0.271
⑦	安居　玉一	(阪神)	浜松北小	0.267
⑧	山下　大輔	(大洋)	清水東	0.262
⑨	広瀬　哲朗	(日本ハム)	富士宮北	0.261
⑩	興津　立雄	(広島)	静岡商	0.258
⑪	久保寺雄二	(南海)	静岡商	0.258
⑫	小田　義人	(日本ハム)	静　岡	0.256
⑬	長持　栄吉	(広島)	島田商	0.253
⑭	船田　和英	(ヤクルト)	浜松商	0.251
⑮	種茂　雅之	(東映)	静　岡	0.243
⑮	服部　敏和	(近鉄)	静　岡	0.243

(2000打数以上)

	藤波　行雄	(中日)	静岡商	0.273
	森谷　良平	(国鉄)	静岡商	0.266
	石川　進	(大毎)	富　士	0.263

(1999打数以下)

★打撃部門ベスト15

【本塁打】

	選手名	主な所属	出身校	本
①	加藤 英司	(阪急)	榛原川崎中	347
②	吉永幸一郎	(ダイエー)	東海大工	153
③	大石大二郎	(近鉄)	静岡商	148
④	興津 立雄	(広島)	静岡商	145
⑤	鈴木 尚典※	(横浜)	浜松南陽中	139
⑥	山下 大輔	(大洋)	清水東	129
⑦	長嶋 清幸	(広島)	自動車工	107
⑧	船田 和英	(ヤクルト)	浜松商	105
⑨	小池 兼司	(南海)	浜松商	104
⑩	杉山 光平	(南海)	静岡商	88
⑪	藤田 浩雅	(阪急)	御殿場西	72
⑫	安居 玉一	(阪神)	浜松北小	70
⑬	小田 義人	(日本ハム)	静 岡	67
⑭	朝井 茂治	(阪神)	静岡商	57
⑮	森谷 良平	(国鉄)	静岡商	49

【打点】

	選手名	主な所属	出身校	点
①	加藤 英司	(阪急)	榛原川崎中	1268
②	杉山 光平	(南海)	静岡商	675
③	鈴木 尚典※	(横浜)	浜松南陽中	666
④	大石大二郎	(近鉄)	静岡商	654
⑤	安居 玉一	(阪神)	浜松北小	569
⑥	吉永幸一郎	(ダイエー)	東海大工	505
⑦	興津 立雄	(広島)	静岡商	495
⑧	小池 兼司	(南海)	浜松商	473
⑨	山下 大輔	(大洋)	清水東	455
⑩	長嶋 清幸	(広島)	自動車工	448
⑪	長持 栄吉	(広島)	島田商	446
⑫	船田 和英	(ヤクルト)	浜松商	446
⑬	藤田 浩雅	(阪急)	御殿場西	279
⑭	小田 義人	(日本ハム)	静 岡	274
⑮	種茂 雅之	(東映)	静 岡	247

記録編

★打撃部門ベスト15

【盗塁】

	選手名	主な所属	出身校	個
①	大石大二郎	(近鉄)	静岡商	415
②	船田　和英	(ヤクルト)	浜松商	175
③	加藤　英司	(阪急)	榛原川崎中	136
④	安居　玉一	(阪神)	浜松北小	116
⑤	小池　兼司	(南海)	浜松商	113
⑥	山下　大輔	(大洋)	清水東	95
⑦	長嶋　清幸	(広島)	自動車工	94
⑧	石川　進	(大毎)	富士	85
⑨	広瀬　哲朗	(日本ハム)	富士宮北	84
⑩	服部　敏和	(近鉄)	静岡	80
⑪	長持　栄吉	(広島)	静岡商	72
⑫	杉山　光平	(南海)	静岡商	67
⑬	鈴木　尚典※	(横浜)	浜松南陽中	61
⑭	鈴木　秀雄	(名古屋)	榛原中	60
⑮	久保寺雄二	(南海)	静岡商	52

【出場試合】

	選手名	主な所属	出身校	試合
①	加藤　英司	(阪急)	榛原川崎中	2028
②	大石大二郎	(近鉄)	静岡商	1892
③	船田　和英	(ヤクルト)	浜松商	1730
④	山下　大輔	(大洋)	清水東	1609
⑤	杉山　光平	(南海)	静岡商	1485
⑥	小池　兼司	(南海)	浜松商	1536
⑦	長嶋　清幸	(広島)	自動車工	1477
⑧	安居　玉一	(阪神)	浜松北小	1392
⑨	鈴木　尚典※	(横浜)	浜松南陽中	1312
⑩	吉永幸一郎	(ダイエー)	東海大工	1250
⑪	服部　敏和	(近鉄)	静岡	1241
⑫	興津　立雄	(広島)	静岡商	1227
⑬	長持　栄吉	(広島)	島田商	1196
⑭	種茂　雅之	(東映)	静岡	1190
⑮	藤波　行雄	(中日)	静岡商	1146

※は現役

★表彰

選手名	所属	出身校	年	守備位置

【新人王】
皆川　康夫	(東映)	浜松日体	71	投手
加藤　初	(西鉄)	吉原商	72	投手
藤波　行雄	(中日)	静岡商	74	外野手
大石大二郎	(近鉄)	静岡商	82	二塁手
藤田　浩雅	(阪急)	御殿場西	84	捕手
杉山　賢人	(西武)	沼津学園	93	投手

【最優秀選手】
| 加藤　英司 | (阪急) | 榛原川崎中 | 75 | 一塁手 |

【最優秀投手】
| 池谷公二郎 | (広島) | 静岡商 | 76 | |
| 新浦　寿夫 | (巨人) | 静岡商 | 78 | |

【ベストナイン】
杉山　光平	(南海)	静岡商	55	一塁手
			56、58、59	外野手
小池　謙司	(南海)	浜松商	63〜66	遊撃手
加藤　英司	(阪急)	榛原川崎中	73、75〜77、79	一塁手
池谷公二郎	(広島)	静岡商	76	投手
新浦　寿夫	(巨人)	静岡商	78	投手
山下　大輔	(大洋)	清水東	81	遊撃手
大石大二郎	(近鉄)	静岡商	83、84、90	二塁手
藤田　浩雅	(阪急)	御殿場西	84	捕手
広瀬　哲朗	(日本ハム)	富士宮北	93、94	遊撃手
吉永幸一郎	(ダイエー)	東海大工	94、96	捕手
鈴木　尚典	(横浜)	浜松南陽中	97、98	外野手

【ゴールデングラブ賞】
種茂　雅之	(東映)	静　岡	62	捕手
加藤　英司	(阪急)	榛原川崎中	75〜77	一塁手
山下　大輔	(大洋)	清水東	76〜83	遊撃手
大石大二郎	(近鉄)	静岡商	82、83、84	二塁手
長嶋　清幸	(広島)	自動車工	83、84、86、87	外野手
藤田　浩雅	(阪急)	御殿場西	84	捕手
広瀬　哲朗	(日本ハム)	富士宮北	93、94	遊撃手

【沢村賞】
| 伊藤　芳明 | (巨人) | 興　誠 | 63 | |
| 池谷公二郎 | (広島) | 静岡商 | 76 | |

【日本シリーズMVP】
種茂　雅之	(東映)	静　岡	62	捕手
長嶋　清幸	(広島)	自動車工	84	外野手
鈴木　尚典	(横浜)	浜松南陽中	98	外野手

記録編

★タイトル
選手名	主な所属	出身校	年	記録

【最多勝利】
池谷公二郎	(広島)	静岡商	76	20
山内 和宏	(南海)	浜 名	83	18

【最優秀防御率】
新浦 寿夫	(巨人)	静岡商	77	2.32
			78	2.81
赤堀 元之	(近鉄)	静 岡	92	1.80

【最高勝率】
伊藤 芳明	(巨人)	興 誠	61	0.684
稲葉 光雄	(阪急)	清水工	77	0.739
加藤 初	(巨人)	吉原商	76	0.789
新浦 寿夫	(巨人)	静岡商	77	0.786
小野 晋吾	(ロッテ)	御殿場西	00	0.722

【最多奪三振】
池谷公二郎	(広島)	静岡商	76	207
			77	176
新浦 寿夫	(巨人)	静岡商	79	223

【最優秀救援投手】
				セーブ	SP
新浦 寿夫	(巨人)	静岡商	78	15	25
赤堀 元之	(近鉄)	静 岡	92	22	32
			93	26	32
			94	24	33
			96	21	30
			97	23	33

【首位打者】
杉山 光平	(南海)	静岡商	59	0.323
加藤 英司	(阪急)	榛原川崎中	73	0.337
			79	0.364
鈴木 尚典	(横浜)	浜松南陽中	97	0.335
			98	0.337

【打点王】
加藤 英司	(阪急)	榛原川崎中	75	97
			76	82
			79	104

【最多安打】
加藤 英司	(阪急)	榛原川崎中	79	163

【最高出塁率】
加藤　英司　　　（阪急）　　　榛原川崎中　　　　76
　　　　　　　　　　　　　　　　　　　　　　　77
　　　　　　　　　　　　　　　　　　　　　　　79

【盗塁王】
大石大二郎　　　（近鉄）　　　静岡商　　　　　83　　60
　　　　　　　　　　　　　　　　　　　　　　　84　　46
　　　　　　　　　　　　　　　　　　　　　　　87　　41
　　　　　　　　　　　　　　　　　　　　　　　93　　31

しずおかプロ野球人物誌　60高校の
サムライたち
静新新書　004

2006年8月8日初版発行

著　者／静岡新聞社
発行者／松井　　純
発行所／静岡新聞社
　　　〒422-8033　静岡市駿河区登呂3-1-1
　　　電話　054-284-1666

印刷・製本　図書印刷
・定価はカバーに表示してあります
・落丁本、乱丁本はお取替えいたします

©The Shizuoka Shimbun 2006　Printed in Japan
ISBN4-7838-0326-9 C1275

静岡新聞社の本　好評既刊

サッカー静岡事始め
静新新書001　静岡新聞社編　830円
静岡師範、浜松師範、志太中、静岡中、浜松一中…大正から昭和、名門校の誕生と歩み

今は昔　しずおか懐かし鉄道
静新新書002　静岡新聞社編　860円
人が客車を押した人車鉄道で始まる鉄道史を廃止路線でたどる

静岡県　名字の由来
静新新書003　渡邉三義著
あなたの名字の由来や分布がよく分かる五十音別の辞典方式

徹底ガイド　静岡県の高齢者施設
静岡新聞社編　2390円
特養老人ホームやケアハウス、グループホームなど四百施設を詳しく紹介

しずおか花の名所200
静岡新聞社編　1600円
名所も穴場も、花の見どころ二百カ所を案内。四季の花巡りガイド決定版

静岡県日帰りハイキング50選
静岡新聞社編　1490円
伊豆半島から湖西連峰まで五十のコースを詳細なルートマップ付きで紹介

しずおか温泉自慢　かけ流しの湯
静岡新聞社編　1680円
循環・ろ過なしの「かけ流しの湯」を楽しめる良質な温泉を厳選ガイド

いっぴん静岡旅ブック
静岡新聞社編　1000円
うまいものを食べて逸品をゲットする旅ガイド。名物の取り寄せ情報も

（価格は税込）